Martin Koschorke

Wie Sie mit Ihrem Partner glücklich werden, ohne ihn zu ändern

W0070178

Das Buch

Beziehungsunfälle lassen sich vermeiden. Mindestens 40 % der Paare, die sich trennen oder scheiden lassen, könnten beieinander bleiben und Freude zusammen haben, wenn Sie die Hauptregeln des Zusammenlebens beachten würden. Leider sind diese viel zu wenig bekannt, so dass wir die hohen Scheidungsraten haben. Darum hat der Autor anhand einschlägiger Beispiele die Basics für glückliche Paare zusammengestellt. In über 30 Jahren Tätigkeit als Paar- und Familientherapeut und als Ausbilder in Familientherapie hat er diese Erfahrung gemacht: Sobald die hier dargelegten Grundregeln eingehalten werden, steigen die Chancen für dauerhaftes Liebesglück signifikant. Paare können sie sowohl vorausschauend nutzen, solange sie in einer befriedigenden Beziehung leben, damit es möglichst lange so schön bleibt; oder eben, wenn Probleme auftauchen und jeder nur denkt, der andere müsste sich ändern, damit alles wieder wie ehedem wird. Glückliche Partnerschaft braucht Herz und Verstand. Hier lernen Leserinnen und Leser, Partnerschaft klug und bewusst zu pflegen und zu gestalten. Die unentbehrliche Lektüre für glückliche und unglückliche Paare.

Der Autor

Martin Koschorke, 1939 geb., Studium von Theologie, Philosophie und Psychologie in Berlin, Heidelberg, Paris, Cambridge, Bonn; Studium der Soziologie und Statistik in Heidelberg, Freiburg/Br. und Berlin; Verschiedene beraterisch-therapeutische Ausbildungen; ist Paarberater und Familientherapeut und seit 1967 in Deutschland und anderen Ländern in der Aus- und Fortbildung von Paarberatern tätig.

Martin Koschorke

Wie Sie mit Ihrem Partner glücklich werden, ohne ihn zu ändern

Führerschein für Paare

HERDER

FREIBURG · BASEL · WIEN

HERDER spektrum Band 6659

Titel der Originalausgabe:
Wie Sie mit Ihrem Partner glücklich werden, ohne ihn zu ändern
Führerschein für Paare
ISBN 978-3-451-61010-3
© Kreuz Verlag, Freiburg im Breisgau 2011

© Verlag Herder GmbH, Freiburg im Breisgau 2013
Alle Rechte vorbehalten
www.herder.de

Umschlagkonzeption: Agentur RME Roland Eschlbeck
Umschlaggestaltung: Verlag Herder
Umschlagmotiv: © Getty Images

Satz: de.te.pe, Aalen
Herstellung: CPI – Clausen & Bosse, Leck

Printed in Germany

ISBN 978-3-451-06659-7

Inhalt

Übersicht

Sie können Ihre Partnerbeziehung vor den Baum fahren.
Oder Sie können Unfälle vermeiden –
Sie haben die Wahl.

* Sie wollen wissen, wie eine moderne Liebesbeziehung
funktioniert?

Sie möchten wissen, was Paare zusammenhält oder trennt?
Sie möchten erfolgreiche Strategien des Zusammenlebens
entwickeln?
Sie möchten über »Motor« und »Getriebe« Ihrer
Beziehung Bescheid wissen?

Eine kurze Einführung in die Grundlagen moderner
Partnerschaft finden Sie Seite 173–191.

* Sie und Ihr Partner wollen miteinander glücklich sein?

Sie möchten sich mit Ihrem Partner/Ihrer Partnerin
wohlfühlen?
Sie möchten Beziehungsunfälle vermeiden?
Sie möchten kritische Situationen konstruktiv meistern

Die zehn wichtigsten Verkehrsregeln des Partnerverkehrs
finden Sie auf den Seiten 15–168.

* Sie wollen Ihre Partnerschaft gefährden?

Sie möchten Ihren Partner/Ihre Partnerin provozieren?
Sie möchten Ihre Beziehung sabotieren?
Sie lassen sich nicht gerne Beziehungsvorschriften machen?

20 Tipps, wie Sie dafür sorgen, dass es in Ihrer Beziehung nicht klappt, mit fast 100% Garantie, finden Sie am Ende dieses Buches Seite 169–171.

Theorie und Praxis

Wer Auto fahren will, muss zuvor Theorie und Praxis lernen. Dieses Buch vermittelt Ihnen die Theorie, wie Sie erfolgreich durch Ihr Beziehungsleben steuern können.

Die Praxis, die praktische Anwendung der Theorie, müssen Sie selber üben. Niemand kann Ihnen abnehmen, Ihre eigenen Erfahrungen zu sammeln. Damit Sie wissen, wie Sie das machen können, schlage ich Ihnen eine Reihe praktischer Übungen vor. Sie finden sie jeweils am Ende eines Kapitels.

Kleine Gebrauchsanweisung zum Lesen dieses Buchs

(für solche, die nichts dagegen haben,
einen Tipp zu bekommen)

- Sie können in diesem Buch einfach nur *blättern*.

- Sie können sich ein Kapitel heraussuchen und andere *überspringen*.

- Sie möchten vor allem Ihre Technik verfeinern, Ihren Partner/Ihre Partnerin zu *provozieren*? Dann beginnen Sie sinnvollerweise mit den zwanzig Tipps auf den Seiten 169–171.

- Ihnen liegt ein bestimmtes Problem am Herzen? Schauen Sie auf Seite 195–197 im Stichwortverzeichnis nach. Es hilft Ihnen, *Themen* zu finden, z.B. »Schnarchen« oder »Sex« oder »Schwiegermutter«.

- Sie wünschen einen *schnellen Überblick*? Hangeln Sie sich an den *Kernsätzen* entlang. Die stehen auf fast jeder Seite. Sie sind eingerahmt und sehen zum Beispiel so aus:

> Ich werde meinen Liebsten nicht ändern,
> auch wenn ich das manchmal am liebsten täte.

- Sie wollen das Ganze *spielerisch* angehen? Verabreden Sie sich mit Ihrem Partner/Ihrer Partnerin für 45 Minuten. Stellen Sie eine Eieruhr auf, damit Sie die Zeit einhalten und sich nicht anstrengen. Besorgen Sie sich etwas Nettes zu Trinken. Jetzt sucht jeder einen Kernsatz heraus, über den er oder sie sich zwanzig Minuten lang austauschen möchte. Vorher losen Sie, wer beginnt.
Und wenn Sie nicht weiterkommen oder nicht fertig werden, hören Sie trotzdem auf. Vertagen Sie sich lieber auf ein anderes Mal zur Fortsetzung des Gesprächs.

- Sie meinen, Ihre Beziehung braucht eine etwas *ernsthaftere Kur*?
  Verabreden Sie mit Ihrem Partner/Ihrer Partnerin vier Termine innerhalb von vier Wochen, Zeiten, in denen Sie mit Sicherheit nicht gestört werden.
  Sie suchen zwei Übungen heraus, die Sie mit Ihrem Partner machen möchten, Ihr Partner ebenso. Nach längstens einer Stunde Gespräch hören Sie jeweils auf.
  Am Schluss zieht jeder Bilanz: »Was hat es mir gebracht, was hat es uns gebracht, miteinander zu reden?«

- Sie können das Buch natürlich auch ins Regal stellen und dort *verstauben lassen*. Nur: Wenn zwischenzeitlich Ihre Beziehung scheitert oder Ihnen Ihr Partner davongelaufen ist – hüten Sie sich, das Buch dann noch aufzuschlagen. Sie haben dann nämlich zum Trennungsschmerz noch den Ärger, dass Sie es hätten besser machen können.

- Was Sie *auf keinen Fall* tun sollten: Ihrem Partner dies Buch still und heimlich auf den Nachttisch legen. (Frauen hoffen bisweilen, den Partner auf diese Weise zu bestimmten Einsichten zu bewegen. Männer indessen sind nach meiner Erfahrung solchen Bekehrungsversuchen gegenüber äußerst allergisch.) Niemand liest gerne in einem Buch nach, was der Partner oder die Partnerin sich nicht direkt zu sagen traut.

- Ihre Beziehung ist in Gefahr, weil sich Ärger und Frust, grundlegende Missverständnisse und Enttäuschungen festgesetzt haben? *Erwarten Sie* in diesem Fall *bitte keine Wunderheilung*. Dieses Buch kann Ihnen vielleicht helfen, Ihre Beziehung besser zu verstehen; die eine oder andere Übung mag Spannungen zwischen Ihnen und Ihrem Partner/Ihrer Partnerin abbauen. Das wird möglicherweise jedoch nicht ausreichen. Wenn beide Partner tief verletzt sind, braucht es oftmals die kompetente Hilfe eines Profis, eines Paarberaters oder Paartherapeuten, um die Beziehung neu zu gestalten.

Partnerschaft – ein Unterschied

Entsinnen Sie sich noch, als Ihr Führerschein ganz frisch war – wie Sie damals gefahren sind? Behutsam. Rücksichtsvoll haben Sie auf die Fußgänger geachtet. Strikt haben Sie sich an die Regeln gehalten: mit wirklich 30 km/h durch die Wohngebiete und mit wirklich 50 km/h durch die Stadt. Entsinnen Sie sich, wie lange das vorgehalten hat? In kurzer Zeit sind Sie sicherer geworden. Sie haben Ihre Übervorsicht abgelegt. Heutzutage nerven Sie Autofahrer, die zögerlich und überbehutsam fahren. Sie versuchen, schnell an ihnen vorbeizukommen. Sonst werden Sie aufgehalten.

Unfallursache: Routine

Auch in der Partnerschaft wird man sicherer, wenn man auf Dauer mit einem anderen Menschen zusammenlebt. Man verhält sich weniger behutsam, wenn man den anderen kennt. Man ist sich des anderen sicher. Untersuchungen zeigen: Niemand geht so direkt und unkonventionell miteinander um wie eingespielte Ehe- oder Lebenspartner. Es ist schon merkwürdig:

> Paare fangen genau dann an, einen Führerschein zu brauchen, wenn sie miteinander vertraut sind.

Wenn jeder sich in der Partnerschaft ganz sicher fühlt, wird es auf einmal nötig, sich auf die Regeln des Partnerlebens zu besinnen. Oder sie erst richtig und bewusst einzuüben.

Zwischen Autofahren und Partnerschaft gibt es demnach zumindest diesen einen Unterschied: Beim Auto muss man am Anfang mühsam lernen, wie die Verkehrsregeln lauten und wie alles funktioniert. In der Partnerschaft konnte man es am Anfang, und es hat geklappt. Zum Beispiel: Ich konnte mit dir reden, ohne dass ich das groß gelernt habe. Es ging. Wir haben uns gut verstanden. Ganze Nächte haben wir im Gespräch verbracht. Ich habe dich verstanden und du mich – jedenfalls habe ich das geglaubt. Was ist bloß los, jetzt, wo wir uns so viel besser kennen, dass wir uns nicht mehr verstehen? Wir haben es doch einmal gekonnt, das Miteinander-Reden. Heute klappt es nicht mehr – was ist geschehen?

Viele Paare trennen sich zu früh

Beziehungsunfälle lassen sich vermeiden. Mindestens 40 % der Paare, die sich trennen und oder sich scheiden lassen, könnten zusammenbleiben, wenn sie rechtzeitig professionelle Unterstützung in Anspruch nähmen. Viele Paare trennen sich zu früh. Das ist meine Erfahrung aus über dreißig Jahren Tätigkeit als Paarberater und Familientherapeut. Es ist wie bei einer Krebserkrankung. Wenn man sich rechtzeitig fachliche Hilfe sucht, können viele Schmerzen vermieden und kann die Krankheit oft noch geheilt werden.

Wenn Sie gesund bleiben wollen, beachten Sie gewisse Gesundheitsregeln. Sie pflegen Ihre Gesundheit. Nichts anderes gilt für Ihre Partnerschaft. Übrigens, Untersuchungen zeigen: Glückliche Paare sind häufig gesünder und leben länger.

> Möchten Sie, dass Ihre Beziehung lebendig,
> befriedigend und reizvoll bleibt?
> Dann pflegen Sie Ihre Partnerbeziehung.

Dabei helfen die folgenden zehn Grundregeln oder Gebote des partnerschaftlichen Zusammenlebens.

Die zehn Grundregeln des partnerschaftlichen Zusammenlebens

Die Pflege lebendiger Partnerschaft

Regel 1:
Schenkt euch gegenseitig Zeit

Zeit ist das größte Geschenk, das Partner sich gegenseitig machen können

Zeit ist das Wertvollste, was wir besitzen. Zeit ist Leben. Unsere Lebenszeit ist begrenzt. Die Zeit eines Tages ist begrenzt. Auch unsere frei verfügbare Zeit ist begrenzt.

Frisch Verliebte haben Zeit füreinander. Sie sitzen beieinander. Sie reden. Sie schweigen. Sie schauen sich an. Sie lächeln. Sie streicheln sich. Sie haben Sex miteinander. Sie gehen aus. Sie tanzen. Sie unternehmen etwas. Sie machen gemeinsam viele Dinge, die angenehm sind, die sie glücklich machen.

Liebe lässt Zeit vergessen.	*Italienisches Sprichwort*

Frisch Verliebte finden Zeit füreinander. Fast immer. Da mögen Ausbildung, Prüfungen, Beruf, große Entfernungen Zeit erfordern: Verliebte finden gemeinsame Zeit. (Über *Verliebtheit* finden Sie mehr auf Seite 63 f. und 173 ff.)

Warum?

Zusammensein ist für beide das Wichtigste im Leben. Die Geliebte, der Geliebte hat Priorität. Absolut. Wenn zwei sich verlieben und beschließen zusammenzubleiben, dann treffen sie miteinander ein Abkommen. Sie schließen einen Vertrag. Das ist ihnen nicht bewusst. Es ist aber höchst real. Und es hat Konsequenzen.

Die wichtigste Absprache in diesem stillschweigenden, unausgesprochenen Vertrag: Wir werden ganz viel angenehme Zeit miteinander verbringen. Denn ich liebe dich. Du bist meine Priorität. Mit dir möchte ich leben. Mit dir möchte ich zusammen sein. Zeit mit dir ist mir wichtiger als andere Beschäftigungen. Zeit mit dir ist schön. Zeit mit dir macht mich glücklich. Denn du machst mich glücklich. (Über den *unausgesprochenen oder unbewussten Partnervertrag* finden Sie mehr auf Seite 69 und 177 ff.)

> Gemeinsam verbrachte angenehme Zeit ist das Wertvollste, das wir unserem Partner schenken können.

Übung
Erinnern Sie sich bitte an die Zeit, als Sie frisch in ihren jetzigen Partner, ihre jetzige Partnerin verliebt waren:
Wie habe ich mich gefühlt, als ich frisch in dich verliebt war?

- Denken Sie einmal zurück und überlegen Sie: Was war Ihnen damals wichtig? Wie viel Zeit haben Sie miteinander verbracht? Was haben Sie genau gemacht? Wo war das?
- Finden Sie einen Termin, an dem Sie beide entspannt sind und 30 Minuten Zeit haben.[1] Teilen Sie sich gegenseitig mit, was Ihnen eingefallen ist.
- Vergleichen Sie: Was sind seine/ihre Erinnerungen? Was sind meine Erinnerungen?

---

1 Diese Regel gilt für alle Übungen zu zweit in diesem Führerschein: Beide sind bereit, die Übung zu machen. Sie wollen Ihrem Partner/Ihrer Partnerin doch nicht Gewalt antun?
Und noch ein Hinweis: Um nicht immer »Partner bzw. Partnerin« sagen zu müssen, akzeptieren Sie bitte, dass ich den Ausdruck »Partner« sowohl für Frauen als auch für Männer verwende.

Zeitdruck im Alltag

»Ich habe keine Zeit!« Wie oft am Tage hören wir diesen Satz? Wie oft sagen wir selbst ihn? Keine Zeit zu haben ist modern. »Ich habe keine Zeit!« beschreibt ein grundlegendes Lebensgefühl der Gegenwart.

Zeit ist nun aber eines der wenigen Dinge, bei denen die Welt gerecht geschaffen ist: Alle Menschen haben gleich viel Zeit, nämlich 24 Stunden am Tag.

Im Grunde geht es also nicht darum: Wie viel Zeit habe ich?, sondern: Wie nutze ich meine Zeit? Was ist mir wichtig? Dahinter steckt die Frage: Was sind meine, was sind unsere Prioritäten? Wozu lebe ich?

Wie wir Zeit verbringen, verrät, was wir für vorrangig halten. Was wir faktisch im Alltag machen, zeigt an, welche Schwerpunkte wir im Leben setzen.

> Liebe ist auch eine Zeitfrage.

Frisch verliebte Paare finden Zeit füreinander. Nur: Man kann nicht sein ganzes Leben lang frisch verliebt sein. Irgendwann wacht man aus dem Rausch der Verliebtheit auch wieder auf. Über kurz oder lang setzt sich der Alltag durch mit seinen vielfältigen Belastungen.

Zeitdruck ist für viele Paare ein großes Problem. Sie ist berufstätig außer Haus, er ist berufstätig außer Haus. Daheim sind sie als Hausmann und Hausfrau tätig. Außerdem sind sie als Eltern mit ein, zwei oder drei Kindern voll beschäftigt. Und abends sind sie total erschöpft. Wo bleibt da Zeit für Zärtlichkeit, für Reden, für Sex, für Entspannen, für Spaß? (Über den *Konflikt zwischen Elternsein, Berufsleben und Zeit zu zweit* mehr auf Seite 188 ff.)

Alltag kann Paare beflügeln. Gut auf einander eingespielte Paare brauchen wenig Worte, um sich zu verständigen. Jeder weiß, was er zu tun hat. Jeder weiß: »Ich kann mich auf dich verlassen. Wir sind ein gutes Gespann. Gemeinsam ziehen wir unseren Lebenskarren durch dick und dünn.« Sich auf den Partner verlassen zu können, gibt ein gutes Gefühl.

Wo Paare sich wortlos verständigen, droht jedoch Gefahr: Worte werden überflüssig. Je besser sie sich verstehen, desto weniger Worte fallen. Sie *brauchen* nicht miteinander zu reden, darum reden sie auch nicht miteinander. Jeder funktioniert vor sich hin, voll beschäftigt. Sie brauchen sich nicht einmal mehr anzuschauen – und plötzlich haben sie sich aus den Augen verloren, ohne es zu merken.

Als sie einander acht Jahre kannten,
(und man darf sagen, sie kannten sich gut),
kam ihre Liebe plötzlich abhanden.
Wie andern Leuten ein Stock oder Hut.
Erich Kästner

> Der Alltag mit seinen vielen Verpflichtungen und
> Sorgen – ein Liebeskiller.

Aber Sie können etwas dagegen tun.

Übung: Wie viel angenehme Zeit haben Sie in der vergangenen Woche mit Ihrem oder Ihrer Liebsten verbracht?

Mit »angenehme Zeit verbringen« ist hier *nicht* gemeint: Zeit mit den Kindern, mit der Familie, Zeit, um Einkäufe zu planen oder den Haushalt zu organisieren.
Gemeint ist nur *Zeit für Sie beide als Paar*: Zeit, in der Sie zu zweit etwas Angenehmes gemacht haben, Spaß hatten, sich glücklich oder zufrieden fühlten.

- Überlegen Sie bitte: Wie viel Zeit war das genau in der letzten Woche?
- Reden Sie darüber mit Ihrem Schatz.
- Finden Sie heraus: Was stimmt für mich? Was stimmt für dich?

● Schätzen Sie ein: War es genug? Für mich? Für dich? Für uns beide?

Zeit zu zweit, Zeit für sich – verschiedene Sorten von Zeit

Manche Paare verbringen ganz viel Zeit miteinander. Sie fühlen sich wohl, wenn sie mit dem anderen zusammen sind. Andere Paare legen Wert darauf, dass jeder viel Zeit für sich selber hat und für seine Interessen. Jedes Paar gestaltet sich sein Leben auf seine Weise. Allerdings: Um auf Dauer glücklich zu sein, muss beides gelebt werden: Gemeinsamkeit und Für-sich-Sein.

> Jedes Paar braucht ein Mindestmaß an gemeinsamer Zeit, jeder Partner braucht ein Minimum an Zeit für sich selbst.

Partner, die zu wenig Zeit miteinander verbringen, verlieren sich leicht aus den Augen; sie drohen zu »erfrieren«. Paare, die zu wenig Zeit alleine verbringen, die immer alles zusammen machen und stets aufeinanderhocken, drohen zu »ersticken«. Auf ein ausgewogenes Verhältnis kommt es an zwischen Zeit, die gemeinsam verbracht wird, und Zeit, über die jeder frei verfügen kann. Wie das im Einzelnen aussieht, ist für jedes Paar unterschiedlich. Es hängt von beruflichen Belastungen ab, von Freizeitbeschäftigungen und anderen privaten Interessen, von Verwandtschaftsverpflichtungen, der Familienphase, dem Lebensalter, der Anzahl der bereits miteinander verbrachten Jahre oder davon, ob man frisch verliebt ist.

> Die Balance zwischen Gemeinsamkeit und Für-sich-Sein ist im Verlauf eines Partnerlebens immer wieder neu auszuhandeln.

21

(Wie Sie erfolgreich *über unterschiedliche Interessen verhandeln*, finden Sie auf den Seiten 65–75.)

Gemeinsam verbrachte Zeit ist meist kein Problem, wenn beide sich einig sind, die Zeit zusammen zu verbringen. Auch die Zeit, die jeder für sich nutzt, ist kein Problem, wenn sich beide gleichzeitig alleine beschäftigen. Schwierig wird es, wenn der eine sagt: »Ich würde jetzt gerne etwas mit dir zusammen machen«, der andere sich indessen auf »Zeit für sich selbst« eingestellt hat.

Er möchte im Fernsehen Fußball gucken, sie möchte mit ihm über die Kinder reden. Er möchte mit ihr spazieren gehen oder eine Tasse Kaffee trinken, sie jedoch hängt schon seit einer Stunde am Telefon und redet mit ihrer Mutter oder einer Freundin. Anders als in der Phase der Verliebtheit, als die Partner so viel Zeit wie irgend möglich miteinander verbringen wollten, gilt es im Stadium erwachsener Partnerschaft zu verhandeln, damit *beide* auf ihre Kosten kommen. (Mehr zu *»erwachsener Partnerschaft«* in Kapitel 4) Das ist nicht unbedingt einfach. Denn bei vielen Paaren hat der eine dauernd den Eindruck: »Ich brauche viel mehr Zeit mit dir«, während der andere ständig denkt: »Ich möchte viel mehr Zeit für mich allein.«

Übung: Gelingt Ihnen ein Gleichgewicht zwischen: »Zeit für uns zusammen« – »Zeit für mich allein«?

- Überlegen Sie bitte:
  1. Verbringe ich – für meine Bedürfnisse – genug Zeit mit meinem Partner/meiner Partnerin? Wenn nicht: Was genau würde ich gerne mit ihm/ihr machen?
  2. Habe ich – für meine Bedürfnisse – genug Zeit für mich und meine Interessen?
  3. Wenn mein Partner nicht verfügbar ist, weiß ich, wie ich Zeit auch alleine verbringe, auf eine angenehme Weise?
- Reden Sie darüber mit Ihrem Partner.

- Finden Sie heraus: Wo bin ich bereit, dir entgegenzukommen? Wo wünsche ich, dass du mir entgegenkommst?
- Probieren Sie vier Wochen lang aus.
- Treffen Sie sich in einem Monat wieder und ziehen Bilanz: Was hat geklappt? Was könnte besser klappen? Was wollen wir für den nächsten Monat ausmachen?

Gemeinsame Zeit, wenn Zeit extrem knapp ist

Zeit ist manchmal so knapp bemessen, dass die Partner sich kaum sehen. Die Arbeits- und Lebensbedingungen sind bisweilen so angespannt, dass Paare nicht einmal ein gemeinsames Wochenende verbringen können.

Anne und Paul: Er hat drei Stunden Weg zur Arbeit, drei Stunden Weg zurück. Täglich ist er rund 15 Stunden fort. Wenn er heimkommt, ist er völlig fertig. Essen, ein bisschen vor dem Computer sitzen oder fernsehen, schlafen – das ist alles, wozu er noch in der Lage ist. Auch am Wochenende braucht er Ruhe oder treibt Sport. Sie, obwohl selbst berufstätig, hat alles am Hals: Kochen, Haus, Kinder, Garten, Einkäufe. Ihr Mann – nur noch ein Objekt der Betreuung und Pflege. So hat sie sich das gemeinsame Leben nicht vorgestellt.

Birgit und Karl: Sie arbeitet im Krankenhaus, mal zehn, mal zwölf Stunden am Tag. Ist eine Kollegin krank, muss sie einspringen. Man kann die Kranken nicht alleine lassen. Zusätzlich hat sie wechselnden Schicht- oder Nachtdienst. Er braucht einen geregelten Tagesablauf und Ruhe. Wenn er vom Job nach Hause kommt, weiß er nie, ob sie da ist oder wann sie kommt. So hat er sich das Leben mit ihr nicht vorgestellt.

Claudia und Bernd: Die Kinder kamen ein wenig zu schnell hintereinander. Jetzt ist sie festgenagelt zu Hause. Sie mag die Kinder, doch ihr fällt die Decke auf den Kopf. Er engagiert sich für seine Karriere. Beruf und Kinder beanspruchen all ihre Zeit. Für sie als Liebespaar bleibt keine Zeit. Der Beziehungsinfarkt droht. (Mehr zu *Beziehungsinfarkt* unten S. 189.)

> Es ist unglaublich, was viele Paare heutzutage zu leisten haben.

Es ist beunruhigend zu sehen, wie wenig die beruflichen Arbeitsbedingungen auf die Bedürfnisse der Paare und der Familien Rücksicht nehmen, immer noch. Ein Ausweg könnte sein: Sich eine andere Arbeit zu suchen. Nur: In Zeiten oder Gegenden hoher Arbeitslosigkeit muss man froh sein, wenn man überhaupt bezahlte Arbeit hat.

Was können Paare tun, die ihre beruflichen Belastungen oder Lebensbedingungen nicht ändern können? Worauf sollten Partner achten, damit Stress von außen nicht Sand ins Getriebe der Partnerschaft bringt und ihre Beziehung gefährdet, zumindest auf längere Sicht? Zwei Dinge haben sich besonders bewährt:

> 1. Feste Zeiten verabreden und sie einhalten.

Das können zehn Minuten pro Tag sein, nach der Arbeit. Da sitzen beide einfach nur zusammen und trinken ein Glas Bier oder eine Tasse Tee. Vielleicht reden sie miteinander, vielleicht auch nicht. – Das kann ein fester Termin sein, der unumstößlich ist: Freitagabend beim Italiener. Oder Sonntagvormittag gemeinsames Frühstück um elf. Oder – was fällt Ihnen ein? (Mehr dazu auf S. 37 f.)

> 2. Sich gegenseitig Anerkennung für das geben, was jeder leistet.

Nichts ist selbstverständlich. (Mehr zu diesem Giftwort S. 47 f.) Vieles lässt sich besser aushalten, wenn man dafür Wertschätzung erfährt.

Übung: Sich gegenseitig belohnen

Finden Sie bitte eine Antwort auf eine der folgenden Fragen:

- Was bekommt Ihr Partner/Ihre Partnerin dafür, dass er/sie sich zum Nutzen der Familie so stark in seinem Beruf engagiert?
- Was bekommt Ihr Partner/Ihre Partnerin dafür, dass er/sie zum Nutzen der Familie so viel zu Hause übernimmt?

Achtung: Wenn Sie antworten: »Das tue ich doch auch!«, dann haben Sie zwar völlig Recht. Aber Sie haben die gestellte Frage nicht beantwortet.

Vergleiche auch die Übung S. 49.

Wenn Paare Kinder kriegen oder ein Haus bauen

Kinder sind ein Glück, besonders wenn sie klein sind. Ein gesunder Säugling ist ein Geschenk. Er wärmt das Herz der Eltern. Ein kleines Kind, das sich der Welt öffnet, die ersten Dinge ergreift und begreift, die ersten unbeholfenen Schritte geht, die ersten Worte spricht, die ersten Fragen stellt, kann als unglaubliche Bereicherung erlebt werden. Es macht Eltern glücklich und stolz. Zugleich sind Kinder auch anstrengend, besonders wenn sie klein sind. Für das Glück, das Kinder bringen, müssen Eltern in der Regel eine kräftige Vergnügungssteuer bezahlen. Vor allem, was ihre Freiheit und ihre Zeit anbelangt.

Säuglinge und Kleinkinder haben ihren eigenen Rhythmus und ihr eigenes Tempo. Die zwingen sie den Erwachsenen auf. Einer muss sich immer um den Zwerg oder die Zwerge kümmern, tags und nachts. Vorbei ist die Zeit, in der man dem anderen ein SMS schicken konnte: »Um halb sieben beim Griechen. Hast du Lust?«, oder wo man sich nach der Arbeit spontan zum Kino verabreden konnte.

In der ersten Familienphase müssen Eltern vorübergehend von ihren Reserven leben. Die frühe Familienphase geht ziemlich schnell vorüber. Die meisten Eltern wissen das – im Kopf. Aber weiß es ihre Seele auch? In dieser Zeit kommt es nicht selten zu tief greifenden Missverständnissen (zu *»Beziehungsinfarkt«* mehr auf Seite 189 f.). Unausgesprochener Unmut sammelt sich an in der Tiefkühltruhe der Seele (zu *»Tiefkühltruhe der Seele«* mehr auf Seite 182). »Ich bin hier festgenagelt. Er hat mich vergessen. Er lässt mich mit den Kindern sitzen. Er ist nur noch mit seinem Beruf verheiratet.« »Sie kümmert sich bloß noch um die Kleinen. Sie ist mit den Kindern verheiratet. Ich komme gar nicht mehr vor. Sie hat mich vergessen.«

Ohne dass ihnen das so recht bewusst sein mag, werfen sich beide Treulosigkeit vor, so etwas wie eine Außenbeziehung mit Beruf oder Kindern, kurz: den Bruch ihres Partnervertrages. (Zu Partnervertrag mehr auf Seite 69 und 177 ff.) An Stelle der Gewissheit –

> »Du bist für mich der wichtigste Mensch auf Erden,
> selbst wenn uns im Augenblick nicht viel Zeit für unsere
> Liebe zur Verfügung steht«

– macht sich das Ressentiment breit: »So habe ich mir unsere Beziehung nicht vorgestellt!« Das kann böse Folgen haben.

Ein eigenes Haus zu haben – das ist der Traum vieler Paare. So stürzen sie sich in ein Abenteuer, das nicht selten als Katastrophe endet. Denn: Hausbau ist fast immer teurer, als man denkt. Er dauert fast immer länger, als man glaubt. Um die Kosten zu begrenzen, packen viele Hausbauer selber mit an, am Feierabend, am Wochenende. Da bleibt oft jahrelang kein Cent zum Ausgehen, keine Minute für die Paarbeziehung, kein Geld für die Urlaubsreise. Jeder träumt seinen Traum vom Paradies, das er sich erschafft – nur träumt jeder einen anderen Traum. Am Ende sind beide total erschöpft und erwarten die Befriedigung ihrer seit Langem ungestillten Sehnsüchte vom jeweils anderen. Der ist aber genauso erschöpft. So endet der Traum vom eigenen Heim nicht selten im Trauma einer Partner- oder Trennungskrise. (Darum vertrete ich seit Langem die Meinung, dass wir ein Gesetz brauchen, das jede Bausparkasse, die einen Vertrag zuteilt, verpflichtet, zehn Stunden Paarberatung kostenfrei dazuzugeben.)

Wie kann eine positive Lösung aussehen? Auch wenn kleine Kinder, Zeitdruck beim Hausbau, die Renovierung einer Wohnung oder eine hoch intensive Berufsphase die gesamte Zeit aufzufressen scheinen:

> Vergessen Sie nicht: Ihre Partnerschaft braucht Pflege.
> Regelmäßig.

Ohne regelmäßigen Ölwechsel fährt Ihr Auto nach einer Weile nicht mehr. Ihre Liebesbeziehung stirbt ab, wenn Sie sie missachten. Nehmen Sie sich hin und wieder für ein paar Stunden frei von Ihren Verpflichtungen. Bringen Sie die Kinder bei den Großeltern oder Freunden unter, lassen Sie den Hausbau ruhen und verbringen Sie ein Wochenende zu zweit. Senden Sie Ihrer Partnerin oder Ihrem Partner eine Botschaft oder ein Zeichen, das sagt: »Ich habe dich nicht vergessen. Du lebst in meinem Herzen.«

> Übung: Zeiten oder Zeichen der Zuwendung
> in Stresssituationen
>
> ● Überlegen Sie: Was könnte für meinen Partner, was könnte für mich in einer Stress-Zeit ein solches Zeichen sein?
> ● Reden Sie darüber mit Ihrem Partner

Wenn Paare zu viel Zeit haben

Es gibt aber auch Paare, die zu viel gemeinsame Zeit verbringen. Die Folge kann sein: Nach einer Weile ertragen sie sich nicht mehr.

Doris und Ernst: Sie ist etwas früher in Rente gegangen als er. Tagsüber war er stets auf Arbeit. In dieser Zeit hat sie sich ihr eigenes Leben aufgebaut: Treffen mit Freundinnen, ein Sprach- oder Yogakurs an der Volkshochschule, hin und wieder die Enkel hüten, mal in der Stadt einen Kaffee trinken. Abends, wenn er von der Arbeit kam, oder am Wochenende konnte sie gut für ihn da sein. Dieses Leben hat sie ausgefüllt. Sie fühlte sich frei und zufrieden – bis er in Rente ging. Denn seitdem ist er den ganzen Tag über da. Jetzt will er die gesamte Zeit mit ihr verbringen. Er hatte immer viel gearbeitet. Offenbar sehnt er sich danach, die versäumte gemeinsame Zeit nachzuholen. Sogar in den Haushalt mischt er sich ein – das war bisher ihre Domäne – und fängt an, ihr zu erzählen, was sie tun oder lassen soll. Für ihn drückt das seinen Wunsch aus: Ich möchte mit dir zusammen sein. Sie dagegen hat den Eindruck: Ich bekomme keine Luft mehr, ich ersticke.

Elfriede und Arne: Abends, wenn er von der Arbeit zurück ist und die Kinder im Bett sind, zieht er sich vor den Fernseher zurück. Der Platz vor dem Fernseher ist auch sein Zufluchtsort, seit er arbeitslos ist. Er hat ja keinen anderen Ort mehr, an dem er erwünscht ist. Da hockt er nun von morgens bis in die Nacht. Wollen am Nachmittag die Kinder ihre Sendungen sehen, gibt es Streit. Er versteht nicht, dass die anderen nicht ein bisschen Rücksicht auf ihn nehmen können, in seiner Lage. Die Kinder verstehen nicht, dass Papa die ganze Zeit ihr Terrain besetzt. Die Mutter versteht nicht, warum sie jetzt schon wieder schlichten soll zwischen den zwei Parteien. (Mehr zu *Territorium der Zweierbeziehung* im Kapitel 3.)

> Lebenspartner sind wie Bäume. Sie wachsen.

Sind sie jung, so stehen sie gerne beisammen. Am Anfang stört das nicht. Der eine rankt sich auch schon einmal am anderen empor. Im Verlauf ihrer Partnerschaft entwickeln sie sich. Sie werden zu »Baumpersönlichkeiten«. Stehen sie dann immer noch so nahe beieinander wie früher, kommen sie sich ins Gehege. Oder sie verkümmern da, wo sie einander begegnen.

> »Gemeinsame Zeit« und »Zeit für sich« ist wie Ein- und Ausatmen.

Für Paare, die zu viel aufeinanderhocken, stellt sich als Lernaufgabe: Baue dir einen eigenen Bereich auf, entwickle Eigenaktivitäten, die Spaß machen, die dich ausfüllen und befriedigen – auch ohne den anderen. So pflegt jeder seine Selbständigkeit. Außerdem pflegen beide ihre Paarbeziehung, denn sie sind nicht voneinander abhängig. Sie bleiben füreinander interessant und haben sich etwas zu erzählen.

Übung: Eigenaktivitäten entwickeln oder verteidigen

- Ich fordere oft mehr gemeinsame Zeit von meinem Partner:
  Überlegen Sie: Wovor habe ich Angst, wenn mein Partner seinen Interessen nachgeht? Ist diese Angst berechtigt?
  Welche Aktivität, die mir Spaß macht, möchte ich entwickeln, damit ich meinen Partner nicht so bedränge und unter Druck setze?
- Mein Partner fordert mehr gemeinsame Zeit von mir, als mir entspricht:
  Überlegen Sie: Was hindert mich, meinem Partner freundlich und bestimmt zu sagen: »Ich brauche jetzt zwei Stunden für mich, nachher bin ich für dich da?«
  Wovor haben Sie Angst? Ist diese Angst berechtigt?
  Welche gemeinsame Aktivität mit Ihrem Partner würde Ihnen Spaß machen, welche nicht? Überlegen Sie zuerst: Was würde mir Spaß machen?

Umgang mit Verabredungen

Frida und Björn: Beim Urlaub in Spanien hatten sie sich kennengelernt. Von Anfang an war er fasziniert davon, wie locker sie mit Zeit umgeht. Abends, wenn sich die Hitze des Tages legte und einer angenehmen Sommernacht wich, saß sie gerne bis früh in den Morgen und unterhielt sich. Er fand das wunderbar, denn er ist ein eher pünktlicher Typ. Seit sie zusammengezogen sind, lernt er die Kehrseite der Medaille kennen. Wollen sie gemeinsam ins Kino gehen, so sind sie immer eine halbe Stunde zu spät. Zum Hauptfilm – und er sieht nun mal gerne Filme von Anfang an. Wenn sie ausgehen wollen, ist es stets das gleiche Problem: Sie kommen zu spät.

> Was er zu Beginn an ihr reizvoll fand, reizt ihn heute bis aufs Blut.

Gerlinde und Heinz: Beide sind beruflich sehr beschäftigt. So reicht zu einem gemütlichen Abendessen während der Woche die Zeit meist nicht. Freitagabends richtet sie darum einen festlichen Tisch, mit weißer Tischdecke und Kerzen. Um 18 Uhr erinnert sie ihn an den Termin. »Ja, ja, wie abgemacht, um sieben bin ich da«, sagt er am Telefon. Na, das wird wohl halb acht, denkt sie, in – wie sie glaubt – kluger Voraussicht. Als er gegen zehn mitteilt, er komme in zwanzig Minuten, bekommt sie die Krise. Das Essen auf dem Herd ist kalt, die Kerzen sind abgebrannt.

Warum ärgert sie sich, wo sie doch weiß, dass er ein »extrem elastisches Zeitverständnis« hat? Warum kommt er so spät, wo er doch weiß, dass nichts sie so ärgert und verletzt? Warum hofft sie nach fast zwanzig Ehejahren immer noch, er wäre anders, als sie ihn täglich erlebt? Warum traut er sich nicht, ihr klar zu sagen, dass er erst um zehn Uhr da sein wird, obwohl er – wenn er sich selber gegenüber ehrlich wäre – genau weiß, dass er vorher nicht fertig sein kann? Oder sind sie beide zu nett zu einander? Anders ausgedrückt: Warum behandeln sie sich gegenseitig wie Kleinkinder, die man nicht ganz für voll nimmt? Er: indem er Dinge verspricht, die sie, wie er weiß, gerne hört, die er aber, wie er auch weiß, nicht einhalten wird? Sie: indem sie auf ihn wartet, obwohl sie genau weiß, er wird später kommen als versprochen – statt dafür zu sorgen, dass sie sich nicht ärgern muss?

> Partner brauchen den Mut zu Klarheit.

»Ich gehe heute Abend zum Volleyball«, sagt er. »Sport ist gut«, meint sie und fragt: »Wie lange dauert das?« »Zwei Stunden«, antwortet er. »Okay«, sagt sie und denkt: Dann ist er um zehn, spätestens um halb elf wieder da. Ihm indessen geht es nicht so sehr um den Sport. Viel wichtiger ist ihm das Zusammensitzen mit den Sportfreunden nachher. Als er kurz nach Mitternacht mit den Worten »Ich will Sabine nicht warten lassen« die Runde verlässt, machen sich seine Kameraden lustig über ihn. Er jedoch ist stolz, als er um halb eins heimkommt, weil er sie nicht vergessen hat. Sie aber sitzt seit elf im Bett, zählt die Minuten und ist stocksauer. Jeder hat zum Stichwort »Sport« eine völlig andere Zeitvorstellung im Kopf.

»Noch fünf Minuten«, sagt sie. »Gut, noch fünf Minuten«, sagt er. Aber bei jedem tickt die Uhr im Kopf anders. Ihre fünf Minuten sind nicht seine fünf Minuten. Das kriegen sogar frisch Verliebte bald heraus. Ist jedoch die erste Verliebtheit erst einmal vorbei, werden unterschiedliche Zeitvorstellungen schnell zum Problem. Sie haben nun die Wahl: Entweder sie beschließen sich zu ärgern; um nicht auf Ihren schlechten Gefühlen sitzen zu bleiben, reichen Sie sie weiter. Sie machen Vorwürfe. Sie spielen das »Mama beschimpft den unpünktlichen Sohn« – »Papa beschimpft die unpünktliche Tochter«-Spiel. Das schafft Missstimmung, nachhaltig. Oder:

Sie vereinbaren die Regel: »Entschädigung anstelle von Vorwürfen.«

Beispiel: Er hat das Siegtor geschossen. Seine Fußballfreunde wollen mit ihm feiern. Er verspricht ihr am Handy, um 22 Uhr zu Hause zu sein. Kommt aber viel, viel später. Sie macht ihm keine Vorwürfe, sondern fragt: »Was bekomme ich dafür, dass du mich vergessen hast?« Er macht ein Angebot, das allerdings nicht zu billig sein darf. So erhält sie einen Ausgleich für ihren Frust, und er weiß: Es gibt einen Ausweg, wenn ich ausnahmsweise eine Verabredung nicht einhalte. Statt unterschwellig Groll auszubrüten, fühlen sich beide besser.

Übung: Meine Zeitvorstellung, deine Zeitvorstellung

- Überlegen Sie: Wie locker/genau bin ich mit Zeitabsprachen?
  Wie locker/genau ist mein Partner mit Verabredungen?
- Reden Sie mit Ihrem Partner und vergleichen Sie: Ist unser Umgang mit Zeitabsprachen unterschiedlich?

Falls Sie Unterschiede entdecken: Fällt Ihnen eine humorvolle Beschreibung Ihrer Unterschiede ein?

Kulturelle Unterschiede

Alba und Ingo: Sie stammt aus Südamerika, er aus dem Ruhrgebiet. Beim Salsa-Tanzen haben sie sich kennengelernt. Tanzen ist ihre Leidenschaft. Seit sie zusammen wohnen, merken sie, wie verschieden sie sind. Ihrer beider Uhren ticken völlig unterschiedlich. Das stört sie nicht, im Gegenteil, es fordert sie heraus. Im Alltag gibt es jede Menge Missverständnisse und Ärger. Aber sie haben ein Rezept gefunden, wenn der Ärger überhand zu nehmen droht. Ist mal wieder dicke Luft, legt einer von beiden eine CD auf und sie tanzen.

> Dass der andere so anders ist – genau das fasziniert
> Partner aus unterschiedlichen Kulturen aneinander.

Das Fremde, das Unbekannte, das Neue macht den Partner attraktiv, sorgt aber auch immer wieder für Überraschungen. Die unterschiedliche Herkunft, die andere Wesensart macht den Reichtum der Beziehung aus. Im Alltag muss man für diesen Schatz allerdings oft Vergnügungssteuer bezahlen.

Ina und Jonas: Er kam als Student aus Schwarzafrika und am Anfang war sie richtig glücklich mit ihm. »Er ist aufmerksam, feinfühlig, ein wunderbarer Liebhaber«, sagte sie. Gab es Schwierigkeiten, ließ er sich nicht aus der Ruhe bringen, sondern lachte einfach. Schnell wurde ihr klar, dass sie nicht nur ihn geheiratet hatte, sondern seine Familie in Afrika gleich mit. Die brauchte Unterstützung. So floss regelmäßig ein nicht unerheblicher Teil ihres gemeinsamen Einkommens nach Afrika. Aber das machte ihr nichts aus. Auch die Sorgen wegen der politischen Verhältnisse in seinem Heimatland konnte sie teilen. Als die Kinder kamen, waren beide glücklich. Sie hätte sich keinen liebevolleren Vater vorstellen können. Alles ging gut, bis sie nach dem Baby-Urlaub wieder anfing zu arbeiten. »Bitte sei pünktlich heute Abend. Um sechs muss ich zum Nachtdienst. Sonst komme ich zu spät!« Sie kochte vor Wut, als er verspätet auftauchte und verständnislos meinte: »Ich habe meine Freunde extra früh verlassen. Es ist doch erst sieben!« Sie konnte ihm einfach nicht begreiflich machen, dass in Mitteleuropa die Uhren anders gehen und Pünktlichkeit zum Leben gehört. Er wiederum kommt aus einer Welt, in der Zeit nicht zählt: Wenn nicht heute, dann morgen. Und wenn nicht morgen, dann eben nächstes Jahr.

> Die Grundregel des Partnerlebens: Sie werden Ihren
> Partner nicht ändern.

Das gilt für *alle* Liebesbeziehungen, bei Paaren mit unterschiedlichem kulturellem Hintergrund aber in besonderem Maße. Wenn Sie Ihrem Partner einreden oder ihn überzeugen wollen: »Sei anders, als du bist«, haben Sie keine Chance.

Sie können mit ihrem Partner reden. Sie können ihn bitten, Ihnen zuzuhören und Sie zu verstehen. Sie können ihn bitten, sich anders zu verhalten. Gehört sein Verhalten jedoch zu seiner Wesensart, dann werden Sie ihn nicht ändern. (Mehr zu *Unterschiede* S. 74.) Zwei Dinge können Sie tun:

> Sie selber können sich auf die Andersartigkeit Ihres
> Partners einstellen.

Sie können vorbauen und vorsorgen: Sie können versuchen, Ihren Alltag so zu gestalten, dass Sie sich nicht dauernd über sein Verhalten ärgern. Das ist nicht immer einfach. Manchmal wünschen Sie sich vielleicht, der Alltag verliefe problemloser. Die Absprachen und die Aufgabenteilung würde so klappen, wie Sie sich das vorstellen. Aber es ist vielleicht für Sie beide besser, Situationen zu umgehen, die immer wieder zu Stress führen, als sich ständig zu zanken und missmutig zu sein.

Sie können Ihrem Partner seine Andersartigkeit nicht »abgewöhnen«, denn genau ihretwegen haben Sie ihn ausgewählt. (Und dass er anders ist als andere, gefällt Ihnen ja immer noch an ihm, wenn Sie sich verstehen.) Darum:

> Sorgen Sie dafür, dass Sie möglichst viel Zeit damit
> verbringen, was beiden Spaß macht.

Das ist die zweite Empfehlung für Paare aus unterschiedlichen Ländern, Kulturen oder Milieus. Ihre Verschiedenartig-
keit hat Sie zusammengeführt. Sie ist Ihr Schatz. Schöpfen
Sie aus diesem Guthaben, indem Sie Zeit positiv gestalten.

Übung: Öffnen Sie Ihre Schatztruhe:
Was ich an dir reizvoll fand

- Überlegen Sie: Was hat mich an meinem Partner am
  stärksten angezogen und fasziniert, als wir uns kennen
  gelernt haben?
  Welche Eigenart meines Partners würde ich heute am
  liebsten ändern?
  Wie hängt beides zusammen?
- Vergleichen Sie Ihre Einfälle, ohne den andern überzeugen zu wollen.

Auch wenn Sie gerade in einer Krise stecken – verbringen Sie angenehme Zeit miteinander

Zum Leben als Paar gehören auch kritische Zeiten. Jedes Paar
macht Krisen durch. Krisen sind etwas Normales (selbst wenn
sie Angst machen – Ihnen oder Ihren Kindern). Sie zeigen:
Sie als Paar sind lebendig. Ihre Paarbeziehung wächst, sie entwickelt sich.

> Partner, die sich uneinig sind, neigen in der Regel zu
> zwei Verhaltensweisen: Sie streiten. Oder sie gehen sich
> aus dem Weg.

Beides ist verständlich, aber nicht unbedingt klug.
    Verständlich: In kritischen Zeiten sieht es häufig so aus, als

sei die gemeinsame Basis der Paarbeziehung in Gefahr. Um die Gemeinsamkeit wiederherzustellen, versuchen Sie vielleicht, Ihren Partner davon zu überzeugen, er solle genau so denken wie Sie selbst – und hoffen, auf diese Weise das Problem zu lösen. Oder: Um die Gemeinsamkeit nicht noch weiter zu gefährden, meiden Sie Ihren Partner und das Gespräch mit ihm. Und hoffen, dadurch löse sich das Problem von selbst.

Beides ist *nicht unbedingt klug*: Kritische Zeiten in einer Paarbeziehung sind anstrengend für Sie beide. Woher bekommen Sie nun die Energie, die Krise gut durchzustehen? Wenn Sie jetzt auch noch darauf verzichten, das zu tun, woraus Sie Ihre Kraft beziehen, nämlich etwas gemeinsam zu machen, dann wird alles nur noch schlimmer. Darum:

Auch wenn Sie sauer aufeinander sind, verzichten Sie nicht darauf, angenehme Zeit miteinander zu verbringen. Dabei wird aber nicht über Probleme geredet!

Diese Einstellung enthält eine wichtige Botschaft. Sie zeigen sich gegenseitig: »Du bist nicht mein Feind. Ich bin nicht dein Feind.«

Sie unterscheiden zwischen Ihrem Ärger auf den anderen und seiner Person.

»Dein Verhalten, deine Haltung ärgert, enttäuscht oder verletzt mich. Das stellt aber nicht infrage, dass ich dich mag und dass wir zusammengehören.« Vorübergehend gelingt es Ihnen nicht, die Probleme zwischen Ihnen zu lösen. Aber warum sollen Sie sich noch zusätzlich bestrafen? Weshalb sollen Sie nicht trotzdem nette Sachen miteinander machen?

Dabei sollten sich beide Partner einig sein: Wenn dicke Luft herrscht, sind Aktivitäten zusammen nicht der Ort, um über Probleme zu reden. Konfliktgespräche brauchen einen gesonderten Termin. (Mehr zu *Konfliktmanagement* auf Seite 65–73.) Natürlich eignen sich in Krisenzeiten bestimmte gemeinsame Unternehmungen mehr als andere. Geeignet ist alles, was Sie auch sonst gerne zu zweit machen und was Sie zu Aktivität anregt und nicht zum Miteinander-Reden verführt. Etwa: sportliche Betätigung wie Tennis oder Tischtennis, schwimmen oder in die Sauna gehen, joggen, Fahrrad fahren, Kino- oder Konzertbesuch, Freunde sehen.

Miteinander tanzen kann heikel werden. Absolut ungeeignet in dieser Phase ist abends beim Italiener essen gehen. Warum? Sie beginnen mit einem Aperitif oder einem Prosecco, trinken ein, zwei Glas Rotwein. Kerzenlicht weicht die Seele auf, und Alkohol die Kontrollmöglichkeiten des Verstandes. Schaut der andere dann am Ende des Essens glücklich und zufrieden, so ist der Versuchung kaum zu widerstehen: »Jetzt sage ich dir, was ich schon immer auf dem Herzen habe.« Der Abend ist dann mit Sicherheit im Eimer.

Übung: Gemeinsame Unternehmungen, ohne viel zu reden

- Überlegen Sie: Was würde ich gerne mit meinem Partner machen, ohne dass wir viel reden müssen?
- Fragen Sie Ihren Partner, was er in einer kritischen Zeit gerne gemeinsam machen würde.
- Einigen Sie sich auf je ein Vorhaben für Sie und eines für Ihren Partner.

Die Partnerzeit pflegen

Ob Sie nun wenig oder viel Zeit füreinander haben, ob Sie tagtäglich beisammen sind oder sich nur am Wochenende sehen, ob Sie sich nur abends bei der Kinder-Übergabe treffen, weil der eine tagsüber arbeitet und der andere nachts – es ist wichtig, dass Sie Ihre Partnerschaft regelmäßig pflegen. Davon war schon die Rede.

So wie der Motor Ihres Autos sich erhitzt und schließlich Feuer fängt, wenn er auf vollen Touren läuft und kein Öl mehr hat, so erhitzt sich Ihre Beziehung, wenn Sie sie nicht regelmäßig »ölen«, wenn Sie nichts für sie tun. Noch einmal: Eine Partnerschaft braucht beides, um lebendig, gesund und aufregend zu bleiben, gemeinsame Zeit und Zeiten, die jeder für sich zur freien Verfügung hat, ohne dass er darum bitten oder sich vor dem anderen rechtfertigen muss.

Frisch verliebte Paare finden spontan gemeinsame Zeit. In der erwachsenen Phase der Partnerschaft dagegen nehmen die Verpflichtungen in Beruf, Familie und gegenüber alten Eltern, die Engagements in Verein, Gemeinde oder sonstwo leicht überhand. Da bleibt nichts anderes übrig, als gemeinsame Zeit ganz bewusst zu planen. Notfalls mit Hilfe des Terminkalenders.

> Bewährt haben sich feste Verabredungen, Tabuzeiten, Spaß- oder Entspannungsrituale.

Sie sind ein Schutz davor, dass die Partner sich aus den Augen verlieren, ohne es zu wollen. Sie sind eine Barriere dagegen, dass aus Zeitmangel Liebesmangel wird, dass der Alltag Ihre Beziehung tötet.

Für manche Paare ist der Freitagabend tabu. Da gehen sie außer Haus essen, in die Disco oder ins Kino, komme, was da wolle. Andere Partner sind für den Sonntagvormittag verabredet, für einen ausführlichen und gemütlichen Brunch ohne Zeitbegrenzung. Wieder andere treffen sich im Fitness-Studio, beim Sport oder im Wanderverein. Manche gehen gerne Schaufensterbummeln oder schützen ihren Wunsch, gemeinsam auszugehen, durch ein Theater-, Konzert- oder Opernabonnement.

Auch Zeit mit Freunden ist wichtig. Wenn zwei sich verlieben, in der Phase, in der die Kinder klein sind, bleibt für den Kontakt mit Freunden oft wenig Spielraum. Das lässt sich in späteren Familienphasen aber wieder nachholen.

> Das Zusammensein mit guten Freunden, eine Party oder ein Fest, tut meist auch der Partnerbeziehung gut.

Übung
Sich auf ein festes Vorhaben einigen

- Überlegen Sie: Was würde ich gerne einmal in der Woche, einmal alle vierzehn Tage mit dir machen?
- Fragen Sie Ihren Partner nach seiner Vorstellung.
- Einigen Sie sich auf einen gemeinsamen Termin – oder auf je ein Vorhaben für Sie und eines für Ihren Partner, das Sie regelmäßig abwechselnd durchführen.
- Tragen Sie Ihren Entschluss im Kalender ein, für die nächsten sechs Monate.

Regel 2:
Findet eure Sprache der Liebe

Ein liebevolles Wort

Manchmal frage ich Paare: »Wann haben Sie ihrem Partner das letzte Mal etwas Nettes, Liebevolles gesagt?«

Häufig ist die Antwort Schweigen. Oder: »Sie weiß doch, dass ich sie liebe!«, sagt er. »Er weiß doch, dass ich ihn liebe!«, sagt sie.

Ich lasse nicht locker: »Und wann haben Sie sich das zum letzten Mal *gesagt*?«

»Na, bei der Hochzeit«, brummt einer verlegen.

»Und wie lange ist das her?«, will ich wissen.

»Sieben Jahre«, kommt dann vielleicht. Oder: »Fünfzehn Jahre.«

Das hört sich nach einer Depotspritze an. Da sagt man sich ein Mal, am Ende der Trauung: »Ich liebe dich« – und das soll dann sieben Jahre oder fünfzehn Jahre vorhalten oder noch länger. Kein Wunder, dass viele Paare Mangel empfinden, dass sie sich streiten. Oder sich schweigend voneinander abwenden.

> Es gibt nicht nur einen Hunger nach gutem Essen und Trinken. Es gibt auch einen Hunger nach guten Worten, nach Beachtung und Achtung.

Als Säuglinge hatten wir Hunger und Durst. Ohne Mutterbrust, Fläschchen oder Brei wären wir verhungert. Wenn wir nichts bekamen, haben wir geschrien. Säuglinge leben jedoch nicht nur von körperlicher Nahrung. Ohne Zuwendung, Aufmerksamkeit und liebevolle Pflege, ohne Worte und Gesten der Zärtlichkeit können sie nicht überleben. Bestenfalls verkümmern sie. Bei Erwachsenen ist das nicht anders. Unser Körper, unser Organismus braucht sowohl körperliche Nahrung als auch soziale oder seelische: Zuwendung und Aufmerksamkeit, Wertschätzung und Respekt. Sonst geht es uns nicht gut.

Paare, die sich streiten oder sich anschweigen, sind ganz einfach verhungert. Sie haben Hunger und Durst nach Worten oder Zeichen der Liebe.

> Menschen brauchen Wertschätzung und Liebe so
> notwendig wie die Luft zum Atmen.

Anders als Säuglinge kommen Erwachsene ein paar Stunden ohne Trinken, ein paar Tage ohne Essen aus, eine gewisse Zeit sogar ohne freundliche Worte oder Kontakte. Sie leben dann von ihren Reserven. Auf Dauer jedoch können wir auf Ernährung, physische und Beziehungsernährung, nicht verzichten. Sonst drohen Mangel oder Tod.

Kein Mensch erwartet, dass das Hochzeitsessen auf Jahre hinaus satt macht. Aber viele tun so, als könne das bei der Trauung gegebene Liebesversprechen ein viertel oder ein halbes Jahrhundert vorhalten, ohne immer wieder bestätigt zu werden. Ob das gut gehen kann?

Übung: Die jüngste Liebeserklärung

- Überlegen Sie: Wann – in der gerade zurückliegenden Woche – haben Sie Ihrem Partner Ihre Liebe zum Ausdruck gebracht? Was genau haben Sie gesagt oder getan?
- Fragen Sie Ihren Partner: Hat er oder sie mitgekriegt, dass Sie eine Liebeserklärung gemacht haben? Hat er oder sie Ihre Worte oder Ihr Verhalten als Liebeserklärung aufgefasst?

Eine Atmosphäre von Zärtlichkeit

Sie haben sicher schon gemerkt, dass ich Paaren, die über Liebesmangel klagen, gerne Fragen stelle. Zum Beispiel: »Als Sie frisch verliebt waren, wie oft haben Sie sich da gesagt oder gezeigt, dass Sie den anderen mögen?«

Fast immer kommt die Antwort: »Oh, jeden Tag!« Oder: »Jedes Mal, wenn wir uns gesehen haben!« Und die Augen beginnen zu leuchten.

Ich frage weiter: »Und wie ist das heute? Wie oft sagen oder zeigen Sie sich heute, dass Sie sich lieben?«

»Ach, dazu haben wir heute keine Zeit mehr!«, wird dann gestottert, oder: »Heute sind wir ja immer zusammen!« Das Leuchten in den Augen ist erloschen.

Immer zusammen sein, Tag für Tag, Nacht für Nacht – das ist der Traum vieler frisch Verliebter. Dieser Traum birgt Erwartungen und Sehnsüchte, Hoffnungen und Versprechen. Hast du mir nicht stillschweigend Glück versprochen, damals? Haben wir nicht ein Abkommen getroffen, natürlich ohne groß darüber zu reden, dass wir uns gegenseitig Wünsche erfüllen und Bedürfnisse befriedigen? Dass wir Kontakt haben, viel Kontakt, dass wir zusammen sind, oft und lange, dass wir zärtlich sind zueinander, mit den Augen, mit Worten, dass wir voller Leidenschaft sind, beim Tanzen, beim Kuscheln, beim Sex? (Mehr zum unbewussten oder unausgesprochenen Partnervertrag Seite 178 f.)

> Zärtlich sein, dem anderen seine Liebe zeigen, sich immer wieder voller Liebe mitteilen – das ist die Grundlage von Partnerschaft.

Aber dann kommt der Alltag mit seinen Anforderungen oder Überforderungen. Der Alltag – ein Liebeskiller. Der Alltag verführt uns dazu zu vergessen, was wir dem anderen versprochen haben, als wir verliebt waren: nämlich ihr oder ihm gegenüber aufmerksam und zärtlich zu sein. Darum sind Partner oft so tief enttäuscht von einander. Jeder hat den Eindruck: Der andere bricht sein Versprechen. Er verrät unsere Beziehung. Er hält sich nicht mehr an unsere Abmachung. Denn er ist nicht mehr zärtlich und zugewandt – ich bin nicht mehr sein Ein und Alles.

> Zärtlichkeit ist die Luft, die Liebende brauchen, damit ihre Liebe überlebt.

Erfreulicherweise lässt sich Zärtlichkeit wieder entdecken. Man kann lernen, auch im Alltag Signale der Zärtlichkeit zu senden, sich Inseln der Zärtlichkeit zu bewahren, die Sprache der Zärtlichkeit des anderen zu verstehen.

Übung: Die Liebesworte von einst

- Erinnern Sie sich bitte: Was habe ich dir gesagt, wie habe ich dich genannt, als ich frisch in dich verliebt war?
- Erinnern Sie die Situation: Wo waren wir? Wann war das, bei welcher Gelegenheit?
- Teilen Sie sich Ihre Erinnerungen gegenseitig mit. Teilen Sie sich gegenseitig mit, welche Gefühle Sie haben, wenn Sie sich erinnern.

Es müssen nicht immer Worte sein

Auch wer ganz zufrieden mit seinem Partner zusammenlebt, kann neu entdecken: Es tut gut, sich die gegenseitige Liebe immer wieder zu zeigen. Es müssen nicht immer Worte sein, die ausdrücken: Ich liebe dich, ich habe dich gern.

Männer sagen bisweilen: »Ich kann das nicht so gut in Worte fassen.« Oder: »Endlos reden, das ist nicht mein Ding.« Wer praktisch veranlagt ist, ob Frau oder Mann, wer gewohnt ist, Dinge anzupacken oder etwas zu tun, der drückt seine Zuneigung häufig leichter durch ein Verhalten aus oder eine Geste.

Es gibt tausend Weisen, seine Liebe mitzuteilen und zärtlich zu sein, ohne viele Worte: ein freundlicher Blick, ein Blumenstrauß, eine SMS, eine Kinokarte, ein Kuss, ein pünktliches Heimkommen abends, eine Einladung ins Restaurant, ein Dankeschön, gemeinsames Einkaufen, aufmerksames Zuhören, eine Fahrradtour, Wäsche aufhängen, eine Kerze auf den Tisch stellen, den Abfalleimer leeren, den Kopf an die Schulter lehnen oder zart über den Arm streichen, die Lieblings-CD auflegen … Was fällt Ihnen ein?

Viele Paare glauben: Wir sind jetzt schon so lange zusammen, da kennen wir uns ganz genau. Oder: Da sollte mein Partner, meine Partnerin mich ganz genau kennen und verstehen.

Karin und Ludwig: Sie möchte ganz viel mit ihm reden. Er hält das nur fünf Minuten lang aus, dann ist es ihm genug. Das versteht sie nicht. »Als wir verliebt waren«, denkt sie, »hat er mir doch auch mit Begeisterung zugehört, stundenlang!« (Was sie übersieht: Er hat ihr schon damals nicht länger als fünf Minuten zugehört. Danach hat er sie nur noch angeschaut, weil sie so hübsch war, wenn sie sich über etwas aufregte.)

Er möchte gerne etwas mit ihr machen, sie will aber immer zuerst reden, stundenlang, wie ihm scheint. Das versteht er nicht. »Als wir verliebt waren«, denkt er, »da haben wir doch nicht bloß geredet, sondern ganz viel miteinander gemacht!« (Was er übersieht: Schon damals hat sie dabei die ganze Zeit geredet.)

> Wenn die Verliebtheit vorbei ist, wird es Zeit,
> die Sprache des Partners zu lernen.

Missverständnisse entstehen oft, weil man die Sprache des anderen weder versteht noch spricht. Es ist so, als ob der eine sich nur auf Chinesisch ausdrücken kann und der andere nur auf Spanisch.

> Sie können die Ohren Ihres Partners nicht ändern.
> Aber Sie können vielleicht mit Ihrer Zunge Worte finden,
> die besser in die Ohren Ihres Partners passen.

Es gibt also zwei Möglichkeiten, das Problem zu lösen: Entweder Sie bestehen darauf, dass der andere Sie versteht. »Wenn er mich wirklich liebt, dann muss er so sprechen wie ich, dann muss er so sein wie ich!« Drückt er sich nicht so aus, wie Sie das erwarten, dann sind Sie enttäuscht. Dabei übersehen Sie, dass Sie von ihm ständig das verlangen, was für ihn am schwersten ist.

Oder Sie haben verstanden: Mein Partner drückt seine Liebe anders aus als ich. Dann können Sie ihn bitten: »Lerne aus Liebe zu mir, dich auch in meiner Sprache auszudrücken, damit ich dich besser verstehe. Ich meinerseits will mir Mühe geben, deine Sprache zu lernen, auch wenn es mir schwerfällt.« Sie haben die Wahl.

Übung: Unsere Sprache der Liebe entdecken

- Überlegen Sie bitte: Auf welche Weise teile ich meinem Partner mit, dass ich ihn mag?
  Was wäre für mich ein Zeichen der Liebe seitens meines Partners?
- Teilen Sie sich Ihre Einfälle mit.
- Wundern Sie sich nicht, wenn Sie sehr unterschiedliche Vorstellungen haben.

Die Sprache der Männer, die Sprache der Frauen

Sie stimmt nicht immer, aber sie stimmt ziemlich oft: die Zuschreibungstheorie. Urteilen Sie selbst.

Einem Mann gelingt etwas. Wem schreibt er den Erfolg zu? – Sich selbst.

Ein Mann hat einen Misserfolg, irgendetwas klappt nicht. Wer ist schuld? – Die anderen (seine Frau, die Kinder, die Sekretärin, die Umstände. Die Liste der Sündenböcke kann lang sein).

Eine Frau hat Erfolg. Man macht ihr ein Kompliment, etwa: »Dies Kleid steht Ihnen aber gut!« Was antwortet sie? »Es ist alt, es war billig, ich habe es aus dem Schlussverkauf …«

Einer Frau misslingt etwas. Wen stellt sie in Frage? – Sich selbst.

Mit etwas mehr Selbstsicherheit könnten beide erwachsener reagieren: (Zu *erwachsenem Verhalten* siehe Kapitel 4.) Sie freut sich über das Kompliment und sagt einfach nur »Danke!«. Er stellt sich, wenn etwas misslungen ist, auch einmal selbst in Frage. Das könnte sogar dazu beitragen, Unmut zwischen ihr und ihm zu vermeiden.

> Frauen und Männer sprechen häufig unterschiedliche Sprachen.

Lydia und Manuel: Sie möchte ihm am Abend mitteilen, wie es ihr geht. Er ist gewohnt, beim Zuhören nach Lösungen zu suchen. Kaum hat sie begonnen zu berichten, wie der Tag so für sie war, fallen ihm schon Lösungen ein. »Dann mach' doch das«, sagt er – und schon ist der Streit da, den keiner versteht. Sie will nämlich überhaupt keine Lösungen von ihm. Sie will einfach nur etwas loswerden, bloß erzählen, wie blöd der Chef war und wie zickig die Kollegin.

> Frauen neigen zu Beziehungsreden, Männer neigen zu Lösungsreden.

Das heißt natürlich nicht, dass Frauen keine Lösungen finden können und Männer keine Beziehung brauchen. Frauen werden in unserer Kultur von klein auf mehr darin trainiert, sich für Beziehung zu interessieren, und Männer eher darin, für Lösungen zu sorgen. Darum reagieren Frauen und Männer bisweilen sehr unterschiedlich. (Siehe hierzu auch S. 106 f.)

Sie haben nun die Wahl: Entweder Sie beharren darauf, die

Unterschiede zwischen Ihnen und Ihrem Partner nicht zur Kenntnis zu nehmen; dann wird es immer wieder zu ärgerlichen Missverständnissen kommen. Oder Sie akzeptieren, dass Sie unterschiedlich sind und unterschiedlich reagieren, und fangen an, die Sprache des anderen zu verstehen oder sogar in der Sprache des anderen zu reden. Das ist vor allem dann von Vorteil, wenn beide sich Worte und Zeichen ihrer Liebe und Zuneigung senden wollen.

Übung: Wer ist schuld an meinem Misserfolg?

- Überlegen Sie bitte: Wenn mir etwas misslingt – was ist mein erster spontaner Impuls?
  Wenn meinem Partner etwas misslingt – welches ist die erste Reaktion, die ich von ihm wahrnehme?
- Teilen Sie sich Ihre Einfälle mit. Nennen Sie je zwei Beispiele.
- Über welche Situation können Sie heute lachen?

Die Kunst des Dankens – oder: Nichts ist selbstverständlich.

Es ist nicht selbstverständlich, dass er das Geld verdient.
Es ist nicht selbstverständlich, dass sie nachts aufsteht, wenn der Säugling schreit.
Es ist nicht selbstverständlich, dass er das Auto pflegt.
Es ist nicht selbstverständlich, dass sie die Wohnung putzt.

»Selbstverständlich« ist eines der sechs Giftworte, die Sie nicht benutzen sollten, wenn Sie Ihre Beziehung nicht vergiften wollen. (Zu den Giftworten siehe auch S. 87f. und S. 94.) Es ist vielleicht naheliegend, dass sie das Baby füttert. Es ist aber nicht selbstverständlich. Die Brust kann er dem Säugling nicht geben, das Fläschchen oder den Brei schon. – Es ist vielleicht praktisch, dass er den Kasten Bier in den Keller schleppt (sie müsste den Weg möglicherweise mehrfach machen). Aber es ist nicht selbstverständlich.

Nichts ist selbstverständlich heutzutage. Vor einem Menschenalter war das anders. Da waren die Rollen von Frau und Mann überwiegend fest vorgegeben, und damit auch ihre Rechte und Pflichten. Er hatte in ihrer Küche nichts zu suchen und sie nichts in seiner Werkstatt oder an seinem Schreibtisch. Heute gilt ein neues Grundgesetz für Zweierbeziehungen (dazu auch S. 185 ff.). Die ersten beiden Artikel lauten:

1. Keiner soll sich selbst aufgeben – denn beide haben die gleichen Rechte.
2. Jeder ist bereit, alles zu machen – denn beide haben die gleichen Pflichten.

Es ist nicht mehr von vorneherein klar, wer das Geld verdient, das Essen kocht, das Baby wickelt, die Steuererklärung ausfüllt, die Kinder zum Kindergarten bringt oder deren Fahrrad repariert. Grundsätzlich sollte jeder Partner bereit sein, jede Aufgabe zu übernehmen. Wer was macht, machen die Partner miteinander aus.

Moderne Paare müssen lernen, Absprachen zu treffen und »Danke« zu sagen.

»Was bekommt er dafür«, frage ich manchmal Paare, die mich besuchen, »dass er sich für die Familie so in seinem Beruf engagiert?« Dabei wende ich mich an die Frau. »Das tue ich doch auch!«, sagt sie ganz entrüstet.

»Das ist nicht die Frage«, entgegne ich. »Was bekommt er dafür?«

»Was bekommt sie dafür«, nun wende ich mich an den Mann, »dass sie Geld verdient und den Haushalt versorgt?« »Das tue ich doch auch!« meint er.

»Das ist nicht die Frage«, entgegne ich wieder. »Was bekommt jeder von Ihnen für das, was sie oder er für die Familie leistet?«

> Wenn ich als selbstverständlich betrachte, was mein
> Partner leistet, behandle ich ihn als Angestellten.

Selbst die Reinigungsfrau bekommt ihren Lohn und – normalerweise – auch ein Dankeschön. Was bekommt mein Partner?
(Die Möglichkeiten reichen von einem Wort, einem Kuss, einer Blume bis hin zu einem Wochenende an der Ostsee, in
München, am Rhein oder sonstwo.)

Übung: Wertschätzung und Dank ausdrücken

- Überlegen Sie bitte: Was leistet mein Partner in unserer
  Partnerschaft? Wofür möchte ich ihr/ihm Wertschätzung
  oder Dank aussprechen?
- Entsinnen Sie sich: Wann habe ich das das letzte Mal getan? Wofür?
- Entscheiden Sie: Wann möchte ich es wieder einmal
  tun? (Aber reden Sie nicht darüber mit Ihrem Partner.)

Hierher passt auch die Übung von S. 25.

Wenn Sprachlosigkeit Gefühle hemmt

»Wir sind Analphabeten, was Gefühle anbelangt.« Diesen Satz lässt der schwedische Regisseur Ingmar Bergman seinen Hauptdarsteller in dem Film »Szenen einer Ehe« sagen. Bergman stammte wohl selber aus einem Elternhaus, in dem Gefühle tabu waren. Er ist sicher nicht der Einzige, der in einer solchen Sprachlosigkeit aufgewachsen ist.

> In unserer Kultur gibt es Gefühle, die sind von einer Mauer von Hemmungen umgeben. Das gilt besonders für zärtliche Empfindungen.

Viele Menschen trauen sich kaum, Gefühle offen zu benennen. Und wenn sie es tun, fühlen sie sich eigenartig verlegen, als ob sie sich für etwas ganz Natürliches schämen müssten.

Für bestimmte Bereiche unseres Erlebens haben wir keine angemessene Sprache. Sexualität ist ein anschauliches Beispiel. Da wirkt dann nicht nur der Einzelne merkwürdig gehemmt, wenn er sich mitteilen möchte. Da ist unsere ganze Kultur eigenartig sprachlos. Welche Worte stehen uns zur Verfügung, wenn wir beschreiben möchten, was zwei Liebende beim Sex miteinander tun, und wenn wir zugleich das Lustvolle, die Leidenschaft, die ekstatische Aggression ihrer Begegnung zur Sprache bringen wollen? Gefühllose Beschreibungen wie Geschlechtsverkehr oder Koitus. Oder der Jargon der Straße. Am unverfänglichsten scheint noch der Ausdruck zu sein: Wir schlafen miteinander. Nur: Man ist selten so hellwach, wie wenn man mit seinem Partner schläft.

Neben kollektiven Hemmungen können auch die persönlichen zu schaffen machen. Ich traue mich nicht zu sagen, was mir auf der Seele brennt, sogar wenn es sich um etwas Liebevolles handelt. Herz und Zunge sind gelähmt. Ich bringe es einfach nicht fertig – sosehr ich es auch möchte –, meine Empfindungen auszudrücken ohne Herzklopfen oder rote Flecken am Hals. Nicht einmal meinem Partner gegenüber. Ich habe es noch nie gekonnt.

> Man kann sein Inneres auch hinter Ironie, einem
> Schwall von Worten oder Schnoddrigkeit verbergen.

Was ist zu tun? Erst einmal gar nichts. Sie sind so, wie Sie
sind. Sie sind so geworden, wie Sie sind. Bei allem Unbehagen und aller Verlegenheit hat Ihr Verhalten Ihnen vielleicht
auch Sicherheit geboten. Wenn Sie wollen, könnten Sie dem
Gedanken nachgehen: Vor wem habe ich mich geschämt, als
ich klein war? Wer hat mir Scham beigebracht oder sie mir
weitergegeben? Wer hat mir verboten – mit Worten oder mit
einem Blick –, spontan zu äußern, was ich fühle? Sind diese
Personen heute noch so lebenswichtig für mich, dass ich ohne
ihre Zustimmung nicht überleben könnte? Wem wollte ich,
bei welcher Gelegenheit, persönliche Empfindungen mitteilen? War das eine vertrauenswürdige Person? Habe ich es
überlebt, selbst wenn es mit unangenehmen Gefühlen ver-
knüpft war? Wie wäre es, wenn ich nach dem Prinzip »Heute
ist der erste Tag vom Rest meines Lebens« es noch einmal
versuchte, meinem Partner etwas von meinem bislang gut ver-
steckten Innenleben mitzuteilen? Wie wäre es, wenn ich mich
nicht unter Druck setzte und akzeptierte, dass ich so bin, wie
ich bin?

Übung: Der Nutzen der Behutsamkeit

- Überlegen Sie bitte, wenn Sie wollen: Hat meine Scheu,
  mich zu öffnen, möglicherweise neben Nachteilen auch
  Vorteile? Kann ich einen Sinn darin entdecken, dass ich
  mich so verhalte, wie ich es tue?

Regel 3:
Respektiere den anderen –
und dich selbst

Grenzen wahren oder sich zu nahe treten
Lektion 1: Über das Territorium der Zweierbeziehung

Man kann dem Partner zu nahe treten, ohne ihn zu berühren.

Er lässt niemanden ran an seinen Laptop. Am Computer, da erledigt er dienstliche und private Post, liest Nachrichten, registriert Aufträge, speichert Entwürfe und Familienfotos. Weil er immer so überlastet ist, hat sie einmal, in der Absicht ihm zu helfen, seine Festplatte aufgeräumt. Er ist fast ausgerastet. Seitdem wird er schon nervös, wenn sie nur in die Nähe des Gerätes kommt. Warum?

Sie hat verstanden: Der Computer, das ist ein Teil von ihm selbst. Um Streit zu vermeiden, hat sie sich einen eigenen PC zugelegt mit eigenem Internetanschluss.

Sie kann es nicht haben, dass er ihr Handy in die Hand nimmt und dann – vielleicht nur aus Versehen – nachschaut, mit wem sie zuletzt telefoniert hat. Sie mag auch nicht, wenn er in ihrer Handtasche kramt. Lieber springt sie selber auf, um ihm die Autoschlüssel zu holen, die sie eingesteckt hat. Wenn es um ihre Handtasche geht, ist sie empfindlich. Warum?

> Bestimmte Bereiche unseres Lebens gehören so sehr zu uns, dass wir jedes Eindringen wie einen körperlichen Angriff empfinden.

Wir mögen es nicht, wenn uns jemand körperlich zu nahe tritt. Unser Organismus schlägt Alarm: Wir fühlen uns unwohl. Das Herz pocht schneller. Wir weichen zurück oder werden aggressiv. Wir fühlen uns bedrängt. Offensichtlich endet unsere Persönlichkeit nicht an den Grenzen unserer Haut. Wichtige Lebensbereiche sind Teil von uns selbst. Sie gehören gewissermaßen zu unserer Intimsphäre. Überschreitet jemand diese Grenze, so haben wir den Eindruck: Uns selber wird etwas angetan.

Es geht dabei nicht nur um räumliche Bereiche, also etwa darum, dass er nicht ungefragt ihren Wäscheschrank aufräumen sollte und sie nicht seine Werkbank. Sie schaut ihre Lieblingssendung, er platzt herein und muss unbedingt jetzt etwas mit ihr besprechen – und wundert sich, dass sie unwirsch reagiert. Er versucht, telefonisch mit einem Freund ein Computerproblem zu lösen, sie muss unbedingt jetzt mit ihm über die Schulaufgaben der Kinder reden – und ist gekränkt, wenn er ihr nicht zuhört.

In der Verliebtheitsphase sind Paare im Allgemeinen weniger empfindlich, was Abgrenzungen anbelangt. Im Gegenteil, frisch Verliebte können sich nicht nahe genug sein. Sie möchten eins sein, mit dem anderen verschmelzen. Der andere ist (fast) immer willkommen. Die Türen stehen offen. Selbst wenn der andere eigentlich stört.

> Wenn Sie nicht mehr ganz frisch verliebt sind, drückt sich Liebe zunehmend darin aus, wie Sie den anderen respektieren und seine Bedürfnisse achten.

Die Partner entdecken wieder, dass sie *zwei* Personen sind – und dass sie unterschiedlich sind. Sie haben vieles gemeinsam – zugleich haben sie auch unterschiedliche Vorstellungen, Vorlieben, Wünsche, Interessen, Rhythmen, Lösungsstrategien, ein unterschiedliches Tempo oder Raumbedürfnis.

Übung: Mein Territorium in unserer Partnerschaft

- Überlegen Sie bitte:
  1. Wo ist in meiner Partnerschaft mein Bereich, mein Terrain, mein Territorium?
  2. Wie kennzeichne, markiere ich meinen Bereich?
  3. Was tue ich, wenn jemand in meinen Bereich eindringt?
- Teilen Sie sich Ihre Einfälle mit.

Überfälle vermeiden
Lektion 2: Über das Territorium der Partnerschaft

> Viele Missverständnisse in Partnerschaften und
> Familien rühren daher, dass die Betroffenen nur
> ungenaue Vorstellungen vom Territorium des anderen
> haben und Grenzen nicht respektieren.

Er kommt von der Arbeit heim und stolpert im Wohnungsflur
über Schuhe, Schulranzen und Spielzeug der Kinder. Die Unordnung ärgert ihn. Das teilt er seiner Frau auch mit, zur Be-
grüßung. Sie ist über diesen Überfall alles andere als erfreut.
Schon ist der schönste Streit im Gange.

Was er übersieht: Er betrachtet den Flur als sein Territorium, das auch in seiner Abwesenheit so zu sein hat, wie er
sich das vorstellt. In Wirklichkeit ist der Flur jedoch bis zu
seinem Eintreffen Kinder- oder Familienterritorium. Will er
das anders haben, dann muss er es vorher mit allen Beteiligten
vereinbaren und, wenn er heimkehrt, die Kinder zusammen-
trommeln und mit ihnen aufräumen, um aus einem Kinderter-
ritorium wieder ein Vaterterritorium zu machen. Für die
Wohnstube und andere Räume gilt natürlich das Gleiche.

Probleme gibt es auch, wenn Bedürfnisse nicht respektiert
werden. Da kommt einer von beiden abends heim, schön
müde, und freut sich schon darauf, endlich die Beine hochle-
gen und ausspannen zu können. Hinter der Wohnungstür indessen wartet der andere und sagt: »Liebling, zieh dich ganz
schnell um, ich habe Kinokarten, wir müssen gleich weg!«

Das ist ein Überfall aus Liebe. Die Absicht ist gut: Beiden
einen angenehmen Abend zu bescheren. Aber es bleibt ein
Überfall. Der Heimkehrer hatte sich in seinem Kopf schon auf
einen ruhigen Abend zu Hause gefreut.

Ein Überfall mit Kino- oder Konzertkarten in der Hand ist
natürlich angenehmer als ein Überfall mit Problemen oder aus
Ärger.

Sie hat die ganze Zeit die Kinder am Hals gehabt und
möchte ihren Stress und die Probleme der Kinder bei ihm los-

werden, während er noch den Mantel ablegt. Das ist zwar verständlich, aber selten erfolgreich. Oder der eine empfängt den anderen mit einem Vorwurf: »Du hattest doch versprochen, Aufschnitt mitzubringen!!«

> Vermeiden Sie Überfälle – sei es aus Liebe, sei es aus Wut.

Auch wenn Sie mit einer angenehmen Überraschung kommen.

> Fragen Sie zuerst nach, ob der andere bereit ist zu hören, was Sie ihm sagen wollen.

Zum Beispiel: »Kann ich dir etwas sagen? Ich habe eine Überraschung.« Das lässt dem anderen die Chance zu entgegnen. »Warte einen Moment, ich will mir nur die Hände waschen. Ich komme in fünf Minuten.«

Übung: Das Territorium meines Partners

- Überlegen Sie bitte:
  1. Wo ist in unserer Partnerschaft der Bereich/Terrain/ Territorium meines Partners?
  2. Wie kennzeichnet, markiert er bzw. sie seinen/ihren Bereich?
  3. Womit können Sie Ihren Partner am meisten ärgern?
- Teilen Sie sich Ihre Einfälle mit.

Warnung bei dieser Übung: Wenn Sie Ihrem Partner jetzt mitteilen, wie Sie ihn am wirksamsten ärgern, dann können Sie das später nicht mehr so unbefangen tun. Überlegen Sie daher genau, was Sie ihm heute verraten wollen.

Bei gemeinsamer Zuständigkeit die Verantwortung regeln

Lektion 3: Über das Territorium der Partnerschaft

Früher war manches einfacher. In der traditionellen Ehe waren die Rollen von Frau und Mann klarer voneinander abgegrenzt, und damit auch die Lebensbereiche. Er hatte in ihrer Küche nichts zu suchen und sie nichts in seiner Werkstatt.

Heutzutage ist das Miteinander weniger übersichtlich. Im Binnenbereich des Paar- und Familienlebens gibt es kaum einen Bereich, den nicht beide gemeinsam nutzen. Wer entscheidet, wie ordentlich das Wohnzimmer zu sein hat, oder die Zimmer der Kinder? Wer bestimmt die Farbe der Gardinen? Wer hat abends vor dem Fernseher den Regierungsstab (die Fernbedienung) in der Hand?

Er lässt im Schlafzimmer manchmal Socken und Unterwäsche liegen. Sie stört das, weil sie es auch im Schlafzimmer schön haben möchte. Er sagt: Aber es ist doch auch mein Schlafzimmer.

Ihn bedrängt die Armada weiblicher Schönheitsfläschchen im Bad. Er weiß schon nicht mehr, wo er seinen Rasierapparat hinlegen kann. Sie sagt: Aber es ist doch auch mein Bad!

In einer gleichberechtigten Partnerschaft gibt es wenige Aufgaben, für die nicht beide zuständig sind, oder zumindest zuständig sein könnten. Wer füllt die Steuererklärung aus? Wer kümmert sich um die Versicherungen – sie oder er? Wer bringt das Auto zum TÜV, macht den Zettel für den Wochenendeinkauf, sprengt den Rasen im Garten – er oder sie? Wer gerade Zeit hat, wer die Aufgabe übernommen hat, wem es mehr liegt, wer Unordnung oder Unerledigtes weniger gut ertragen kann – egal: Jedes Paar findet seine eigene Lösung. Aber allen ist die Grundregel gemeinsam, wenn es nicht dauernd Ärger und Streit geben soll:

> Nichts ist selbstverständlich – man muss sich absprechen.

(Siehe hierzu auch S. 47 ff.)

Marita und Konstantin: Marita und Konstantin kochen beide gern. Sie haben beschlossen: Wer als Erster von der Arbeit nach Hause kommt, fängt an, das Essen vorzubereiten. Konstantin braucht Übersicht, wenn er in der Küche arbeiten will. Darum räumt er erst einmal auf. So schafft er sich Platz. Kaum hat er alles weggeräumt, kommt Marita heim und stellt die Einkaufstüten auf den freien Platz, den er mit Mühe freigeschaufelt hat. Er rastet aus.

Marita hat einen anderen Arbeitsstil. Sie braucht alles in Reichweite, ein Messer für die Petersilie, eine Schale mit Wasser zum Nachgießen für die Soße, und und. Er kommt an und will ihr helfen. Was tut er? Er räumt alles weg. Sie wird verrückt. »Du störst mich!«, sagt sie. Er ist gekränkt, er wollte doch bloß helfen.

So haben sie sich eine Zeitlang angefaucht, bis beiden bewusst wurde:

> Jeder Partner hat seinen eigenen Arbeitsstil.

Darum richtet sich jeder das Territorium Küche so her, wie er es braucht. Seitdem haben sie sich auf zwei Regeln geeinigt:

> Entscheidungen werden gleichberechtigt getroffen.

> Bei bestimmten Arbeiten gibt einer die Anweisungen, der andere arbeitet zu.

Ist Marita als Erste da, dann ist sie die Küchenchefin. Kommt er später, dann ist er ihr »Angestellter«. Er fragt: »Kann ich helfen?« Sie entscheidet, sagt ja oder nein, er begnügt sich mit dieser Rolle. Beim nächsten Mal ist er vielleicht der Chef und sie die Zuarbeiterin.

Übung: Gemeinsame Territorien in unserer Partnerschaft

- Überlegen Sie bitte: Für welche Bereiche unseres Lebens fühlen wir uns beide zuständig? Gibt es für diese

Bereiche – ausgesprochene oder unausgesprochene –
Abmachungen zwischen uns? Welche?
- Vergleichen Sie Ihre Einfälle.
- Verhandeln Sie: Welche Absprachen wollen wir treffen,
  um uns gegenseitig zu respektieren und unnötige Kon-
  flikte zu vermeiden?

Unterschiedliche Erziehungsstile – ein Vorteil
Lektion 4: Über das Territorium des Paares

Kaum ein Elternpaar, das nicht hin und wieder über die Kindererziehung, genauer: über den Erziehungsstil des jeweils
anderen, streitet. Sogar die Familienministerin mischt sich da
gelegentlich ein.

Er ist eher streng und konsequent und mutet den Kindern
auch etwas zu. Sie ist lieber fürsorglich und verständnisvoll
und gestattet auch mal Ausnahmen. Schon dreht sich das
Streitkarussell auf vollen Touren: Sie findet ihn zu streng, er
findet sie zu nachgiebig. Je nachgiebiger sie sich verhält,
desto strikter achtet er auf die Einhaltung von Regeln. Je rabi-
ater er mit den Kindern umgeht, desto mehr glaubt sie, aus-
gleichen zu müssen.

Oder: Er will von Konflikten nichts wissen und meint, Konflikte regeln sich von selbst. Mit Kindern müsse man spielen.
Sie hingegen möchte ihren Kindern bestimmte Prinzipien bei-
bringen und sie zu Verantwortungsbewusstsein erziehen.

Wer hat Recht? Beide. Es lohnt also nicht, darüber zu streiten.

> Kinder brauchen Liebe und Verständnis. Und sie
> brauchen klare Regeln.

Kinder und Jugendliche entwickeln sich am besten, wenn sie
gefördert und gefordert werden. Das Mischungsverhältnis
von Unterstützung und Anforderung hängt im Wesentlichen
vom Alter der Kinder ab und von der Situation.

Im Grunde ergänzen sich Eltern, die unterschiedliche Erziehungsstile pflegen. Für die Kinder ist das durchaus von Vorteil: So lernen sie, sich auf unterschiedliche Personen einzustellen; sie erleben gegensätzliche Weisen, das Leben zu bewältigen. Das gilt allerdings nur unter einer Voraussetzung:

> Die Eltern streiten sich nicht wegen ihrer Unterschiede.
> Sie lassen sich auch nicht gegeneinander ausspielen.

Sie respektieren die Andersartigkeit des Partners. Sie stärken, wo immer sie können, die Position des anderen Elternteils gegenüber den Kindern und Jugendlichen. Und sie werden genau darauf achten, dass sie einander nicht ins Gehege kommen.

Sie kommt nach Hause. In der Küche fetzen sich lautstark Vater und Nachwuchs. Sie mischt sich *nicht* ein. Sie öffnet die Küchentür, sagt: »Hallo, da bin ich wieder. Ich will eure Diskussion nicht weiter stören«, schließt die Tür und zieht sich zurück.

Die meisten Paare möchten ihre Kinder gemeinsam erziehen. Viele Eltern müssen dabei etwas völlig Neues lernen:

> Die Väter nehmen ihre Verantwortung für die Kinder auch wirklich wahr.
> Die Mütter geben das Territorium Kinder auch wirklich frei.

Eins bedingt das andere: Nur wenn die Väter sich auch engagieren, werden Mütter Kinder und Kindererziehung nicht mehr als ihr Privatterritorium betrachten. Nur wenn die Mütter sich aus diesem Territorium zurückziehen, werden Väter sich mehr engagieren.

Übung: Wertschätzung als Eltern aussprechen

- Überlegen Sie: Was schätze ich an meinem Mann als Vater? Was macht er gut?

Was schätze ich an meiner Frau als Mutter? Was macht sie gut?

Was kann ich schwer abgeben – als Mutter?

Was kann ich schwer abgeben – als Vater?

- Teilen Sie sich Ihre Einfälle mit.
- Reden Sie nicht darüber (jedenfalls heute nicht).

Spaß an Sex
Lektion 5: Über das Territorium der Paares

Das persönlichste und intimste Territorium, das wir besitzen, ist unser Körper. Darum ist es so absolut beglückend, wenn Partner sich körperlich gut verstehen und voller Lust und Leidenschaft Sex genießen können. Darum sind viele so unzufrieden und unglücklich, wenn ihnen das nicht gelingt.

Viele Paare verstehen nicht, warum es im Bett nach einer Weile nicht mehr so gut klappt. »Warum willst du nicht mehr so oft?«, wird gefragt. »Warum ziehst du dich zurück oder verweigerst dich?« Nicht selten stellen uns unsere Vorstellungen von gelungenem Sex ein Bein. Darum zunächst ein paar Hinweise: Es ist normal, wenn nicht jeder Sex bei beiden zu einem tollen Orgasmus führt. Es ist normal, wenn Paare nicht jedes Mal gleichzeitig zum Orgasmus kommen. Sex kann schön sein auch ohne Orgasmus. Sex ist kein Hochleistungssport; Sex kann voll befriedigend sein, auch wenn wir nicht immer etwas Neues ausprobieren. Es müssen nicht beide jedes Mal in gleichem Maße Lust empfinden, aber man sollte den Partner nicht zu Sex drängen, wenn er oder sie nicht dazu bereit ist.

»Aber warum will sie oder er nicht mehr so oft? Als wir verliebt waren, gab es beim Sex doch keine Probleme!« Vielleicht finden Sie eine Antwort auf diese Frage, wenn Sie sich zurückversetzen in die Zeit, als Sie frisch verliebt waren: Was haben Sie damals vor dem Sex gemacht, was nachher? Wie war die Atmosphäre? Wie viel Zeit haben Sie miteinander verbracht? Welche Worte haben Sie sich gesagt?

> Sex ist ein Ausdruck von Zärtlichkeit.
> Wird Sex Routine, geht oft die Zärtlichkeit verloren.

Sex ändert seinen Charakter. Darüber klagen vor allem Frauen. Sie möchten eine Atmosphäre von Zärtlichkeit spüren, damit sie sich öffnen können. Will der Partner sich nur von seinem Hormondruck entlasten, dann fühlen sie sich benutzt wie eine Prostituierte. Kein Wunder, dass sie darauf keine Lust haben.

> Der Körper unseres Partners ist sein intimstes
> »Territorium«.

Darum werden Sie Ihren Partner in diesem Bereich mit besonderem Respekt begegnen. Übergriffe hier werden als besonders gewaltsam erlebt. Sie können die Partnerbeziehung nachhaltig schädigen oder zerstören.

Im Laufe ihres Lebens als Paar verändern sich die Partner. Es verändern sich ihre Bedürfnisse. Es verändern sich ihre Körper. Ein Einschnitt sind oft die Geburten der Kinder. Der Hormonhaushalt der Frau verändert sich. Sie oder er empfindet nicht mehr das gleiche Verlangen nach Sex wie früher. Eine trockene Scheide kann Schmerzen beim Geschlechtsverkehr verursachen und vorschneller oder verzögerter Samenerguss Frust. Nicht selten setzt dann ein Teufelskreis ein: Je mehr er drängt, desto mehr verschließt sie sich. Je mehr sie sich verschließt, desto mehr drängt er.

Sex ist ein Erlebensbereich, in dem man sich, wenn es klappt, ohne Worte glänzend versteht. Daher denken viele: Sex und Reden haben nichts miteinander zu tun. Nur: Sobald es beim Sex nicht mehr klappt, ist man aufgeschmissen, wenn man wortlos bleibt. Gerade wenn beide unterschiedliche Bedürfnisse entwickeln, ist es an der Zeit, verhandeln zu lernen. (Fortsetzung zum Thema Sex S. 69 f.)

Übung: Lust auf Sex

- Überlegen Sie bitte: Wie teile ich meinem Partner mit, wenn ich Lust auf Sex habe? Wie teilt es mir mein Partner mit?
- Tauschen Sie Ihre Einfälle aus.
- Wundern Sie sich nicht, wenn Sie bei dieser Übung verlegen sind.

Regel 4:
Verhandle erwachsen über Wünsche und Bedürfnisse

Sind Verliebte wie Säuglinge?

Selig schaut sie ihn an. Er hat ihr gerade einen Schmuck um den Hals gelegt. Es ist sein Geschenk. »Woher weißt du, dass genau das meine Lieblingsfarbe ist?«, fragt sie beglückt. Ihre Augen strahlen. Selig schaut er zurück. Seine Überraschung ist gelungen. Beide sind glücklich.

Ohne dass die frisch Verliebten es wissen, haben sie soeben eine Vereinbarung getroffen: Sie haben sich darauf geeinigt, was sie unter Liebe verstehen. (Zum unausgesprochenen Partnervertrag s. auch Seite 178 f.)

Liebe bedeutet jetzt und vielleicht auch in Zukunft: Sie verstehen sich wortlos. Sie lesen einander die Wünsche von den Augen ab. Sie beweisen Ihrem Partner Ihre Liebe, indem Sie sich in sie oder in ihn hineinversetzen. Der andere braucht seine Wünsche und Bedürfnisse nicht einmal zu äußern. *Sie* versuchen zu erraten, was er oder sie braucht oder gerne hat, was ihr oder ihm Freude bereitet. Gelingt Ihnen das, so ist das Glück total.

Liebe bedeutet also: Sie erfüllen sich gegenseitig Ihre Wünsche und Bedürfnisse, vielleicht sogar die geheimen Sehnsüchte, ohne dass Sie darüber groß Worte verlieren. Eine bestimmte Zeit lang klappt das sogar. Deshalb wird das Stadium der ersten Verliebtheit oft als so beglückend erlebt. Deswegen sehnen sich so viele Paare in diese Zeit zurück. Sie können jedoch nicht Ihr ganzes Leben lang frisch verliebt sein und hoffen, dass Sie sich wortlos verstehen. Warum das so ist? Überlegen Sie bitte: Wann in Ihrem Leben hat ein anderer Mensch Ihre Bedürfnisse und Wünsche befriedigt, ohne dass

Sie sie geäußert haben? Als Sie Säugling waren. Wie lange hat diese Phase angedauert?

Es stimmt: Zu Beginn einer Beziehung ist es oft nicht nötig, groß zu verhandeln. Auch Paare, die länger zusammen sind, verstehen sich meist ohne viele Worte. Nur:

> Wenn wir erwarten, dass unser Partner uns stets wortlos versteht, dass er unsere Wünsche und Bedürfnisse erfüllt, ohne dass wir sie aussprechen, verhalten wir uns wie Säuglinge.

Wird Liebe so verstanden, dann ist der Schiffbruch nicht weit. Wenn sich nämlich wahre Liebe darin beweist, dass ich dir deine Wünsche erfülle, möglicherweise sogar ohne dass du sie benennst, dann liegt der Schluss nahe: Wenn ich dir nicht mehr alle – ausgesprochenen und unausgesprochenen – Wünsche erfülle, ist keine Liebe mehr da.

> Es ist ein Kurzschluss, das Erfüllen von Wünschen gleichzusetzen mit Liebe.

Übung: Sich wortlos verstehen

- Überlegen Sie bitte: Haben Sie und Ihr Partner die Tendenz, sich wortlos zu verständigen? In welchen Bereichen klappt das? Gibt es Bereiche, in denen das weniger gut funktioniert?
- Tauschen Sie Ihre Einfälle aus. Was sind die Vorteile? Gibt es Nachteile?

... und die Kehrseite

Was ist erwachsen?
Erwachsen verhandeln (1)

Was aber heißt erwachsen sein? Woran erkenne ich, dass jemand nicht bloß volljährig ist, sondern sich auch erwachsen verhält? Die einfachste Definition von Erwachsensein lautet:

> Ein Mensch ist erwachsen, wenn er für sich selbst verantwortlich ist, wenn er für sich selber sorgen kann und das auch tut.

Erwachsenes Verhalten in der Paarbeziehung wäre also: *Ich selbst* übernehme die Verantwortung für mich, *ich* sorge für mich. Ich bin in der Lage, mir darüber klar zu werden, was ich brauche, welche Wünsche, Bedürfnisse und Erwartungen ich habe. Auch mein Partner weiß, was ihm wichtig ist, welche Wünsche und Erwartungen er hat. Er kann sie angemessen mitteilen, ich kann das ebenfalls. Wenn sich unsere Wünsche treffen, ist es gut. Wenn der andere nicht bereit ist zu tun, was ich mir wünsche, dann bin ich nicht gekränkt, beleidigt oder enttäuscht. Vielmehr gilt es nun zu verhandeln. So wie ich es auf der Arbeit tun würde.

Einmal angenommen, Sie arbeiten in einem Betrieb oder einer Verwaltung. Sie möchten mit einer Kollegin oder einem Kollegen etwas absprechen – was machen Sie? Sie gehen an ihre oder seine Tür. Sie klopfen an. Sie fragen: »Ich möchte etwas mit dir besprechen. Passt es dir jetzt?« Der andere antwortet: »Ja, komm herein.« Oder er stellt Bedingungen: »Ja, wenn es nicht länger als zehn Minuten dauert.« Oder er sagt: »Nein, ich kann jetzt nicht.« Sind Sie gekränkt? Nein. Sie fragen: »Wann würde es passen?«

Sie möchten mit Ihrem Partner reden. Sie machen sich Gedanken über eines der Kinder. Sie haben etwas erlebt, das Sie bewegt, und möchten es ihm mitteilen. Was tun Sie? Bewährt haben sich folgende drei Schritte:

> 1. Beim anderen *»anklopfen«*, seine *Bereitschaft erfragen.*

Zum Beispiel: »Passt es dir, wenn wir jetzt (oder heute Abend) miteinander reden?«

> **2.** Sein *Anliegen, einen konkreten Wunsch benennen,* eine *Begründung* hinzufügen und eine *Begrenzung* vorschlagen.

Zum Beispiel: »Ich würde gerne mit dir über Ilona/Marc reden. Ich brauche deine Hilfe. Ich denke, das wird eine Stunde dauern.«

> **3.** Wenn der Partner nicht bereit ist, *vereinbaren beide einen passenden Termin.*

Zum Beispiel: Partner A sagt: »Gut, ich merke, im Augenblick passt es dir nicht. Wann würde es dir passen?« Oder Partner B antwortet: »Jetzt nicht, ich wollte noch Fritz anrufen. Können wir uns nach dem Abendessen für eine Stunde treffen?«

Übung: Gesprächstermin vereinbaren

● Probieren Sie bei der nächsten Gelegenheit die obigen drei Schritte aus.

Den Wunsch des Partners hören
Erwachsen verhandeln (2)

Es kommt Ihnen künstlich vor, wenn Sie so mit Ihrem Liebsten reden? Zugegeben: Es müssen nicht unbedingt Worte sein, oder diese Worte. Partner, die sich gegenseitig respektieren, erkennen oft auf den ersten Blick, ob der andere bereit ist für das, was ich möchte, oder nicht.

Allerdings, gerade im Alltag passiert es häufig auch, dass Sie Ihren Partner und seine Bedürfnisse überfahren. Jeder von Ihnen ist so in seinen Gedanken gefangen und in dem, was er tut, dass er gar nicht mitbekommt, was den anderen beschäftigt. In Zweierbeziehungen sind die meisten mehr von der Vorstellung geprägt »Mein Partner steht mir selbstverständlich zur Verfügung« als in der Kunst geübt, auch im Alltag dem anderen und seinen Erwartungen Raum geben. Und so künstlich finde ich die drei Schritte von oben gar nicht.

Sie möchte mit ihm zusammen einen angenehmen Abend verbringen. Sie möchte ihren Partner nicht überfallen. Das möchte sie grundsätzlich nicht, außerdem weiß sie aus Erfahrung: Er reagiert dann unwillig. Möglicherweise hat er für diesen Abend ja schon eigene Pläne: fernsehen, werkeln, am Laptop sitzen, eine Spritztour auf dem Motorrad, was auch immer. Sie weiß:

> Ich habe nicht das Recht, über die Zeit meines Partners zu verfügen, denn ich habe kein Recht, über meinen Partner zu verfügen.

Darum, erstens, »klopft sie bei ihm an« und fragt, ob er bereit ist.

Zweitens nennt sie ihren Wunsch und begründet ihr Anliegen. Das ist wichtig: Denn damit teilt sie etwas von sich mit, von ihren Gefühlen, von ihren Bedürfnissen. Ohne Begründung erlebt er ihr Anliegen eher als Forderung. Indem sie etwas von sich offen legt, bekommt es den Charakter einer Bitte. Beide wissen:

> Bitten haben eine größere Chance, gehört und erfüllt zu
> werden, als Forderungen.

Drittens: Sie ist nicht gekränkt oder empört, wenn ihr Partner
sagt: »Heute Abend nicht.«

> Ich kann nicht erwarten, dass mein Partner meine
> Bedürfnisse dann er füllt, wann ich das möchte. Aber ich
> kann erwarten, dass er meine Wünsche anhört.

Sie fragt: »Wann würde es dir passen?«, und sie vereinbaren
einen Termin. Sie kann auch fragen: »Warum passt es dir
nicht?«, damit sie seine Gründe versteht und nicht den Eindruck bekommt, er will sich drücken und ist nicht an ihr interessiert. Sie möchte ihn nicht bedrängen, und er hat gelernt, ihr
eine Antwort zu geben, selbst wenn ihm das bisweilen lästig
ist. (Bei der Frage: »Warum passt es dir nicht?« kommt es
also sehr auf den Ton an.)

> Wenn ich möchte, dass mein Partner mich nicht
> bedrängt, darf ich ihn nicht zappeln lassen.

Übung: Einen Gesprächstermin finden

- Überlegen Sie bitte gemeinsam: Welcher Tag, welche
  Uhrzeit ist grundsätzlich ein guter Gesprächstermin für
  mich, für dich?
  Wie lange genau sollte ein solches Gespräch längs-
  tens/mindestens dauern, damit das Wichtigste beredet
  ist, damit keiner ungeduldig wird?
- Verabreden Sie Ihre Regeln für gemeinsame Gespräche.
- Probieren Sie Ihre Regeln vier Wochen lang aus.
- Nach vier Wochen: Ziehen Sie Bilanz. Was hat ge-
  klappt? Was wollen wir ändern?

Bedürfnisse anmelden
Erwachsen verhandeln (3)

Wenn zwei Menschen sich verlieben und beschließen, in einer Paarbeziehung zusammenzuleben, dann treffen sie, meist ohne dass sie darüber sprechen, eine Art Vereinbarung. Davon war schon mehrfach die Rede. (Siehe auch Seite 177 f.) Sie versprechen, sich gegenseitig grundlegende Bedürfnisse zu erfüllen: nach Kontakt und Austausch, Anerkennung, Wertschätzung und Zuneigung, nach Zärtlichkeit, Leidenschaft und Sex und anderen lebenswichtigen Bedürfnisse mehr. Weil uns, wenn wir verliebt sind, meist nicht schwerfällt, dem anderen zu geben, wonach er verlangt, schwebt über der Verliebtheit in der Regel eine ideologische Fahne, auf der steht: Bedürfnisse werden nicht mitgeteilt, sie werden erfüllt. Wenn das Paar unter dieser Fahne durch das Leben marschiert, wird es sich bald in der Zwangsjacke wiederfinden: Ich muss dem anderen jederzeit zu Willen sein.

Nein, nicht jederzeit, nicht bedingungslos und auch nicht, ohne gefragt zu sein und zugestimmt zu haben. Darum noch einmal:

> Im Stadium erwachsener Partnerschaft erwarte ich nicht mehr selbstverständlich, dass mein Partner mir meine Bedürfnisse befriedigt, ohne dass ich sie benenne. Denn ich bin kein Säugling mehr, und mein Partner ist nicht meine Mama oder mein Papa.

Wenn Partner voneinander erwarten, dass sie sich stets zur Verfügung stehen, wenn einer ein Bedürfnis hat oder ein Verlangen, dann sind sie eigentlich Sklave und Sklavin des anderen. Wenn wir uns gegenseitig als Sklaven behandeln, ist es mit Liebe, Lust und Leidenschaft bald vorbei. Dagegen hilft, den anderen und seine Wünsche ernst zu nehmen und erwachsen mit ihm zu verhandeln.

Er sagt etwa: »Ich habe Lust auf Sex. Ich möchte mit dir schlafen.« Früher hat das automatisch funktioniert, jede Nacht. Inzwischen ist es nicht mehr so. Vielleicht hat sie nicht mehr so Lust, oder nicht mehr so oft Lust, oder ihr fehlt das nette Gespräch vorher, wer weiß. Vielleicht haben Männer und Frauen auch einfach unterschiedliche Bedürfnisse. Das Paar hat nun verschiedene Möglichkeiten, das Problem zu lösen. Etwa: Er setzt sich durch, sie gibt sich auf und wird dann seine Sklavin. Oder: Sie setzt ihre Machtmittel ein. Die sind auch nicht ohne: ein bisschen Verweigern, ein bisschen Rückzug, »es geht mir nicht so gut«, eine kleine Migräne. Das sind recht wirksame Machtmittel, die ihn ziemlich ohnmächtig (frustriert und wütend) machen können. Bei diesen »Problemlösungen« verhalten sich beide nicht erwachsen. Beide fühlen sich nicht wirklich wohl, beide sammeln insgeheim Ärger und Groll in ihrer seelischen Tiefkühltruhe an.

Erwachsen sein wäre, zu schauen: Wann geht es, unter welchen Bedingungen geht es, wie kann ich dir entgegenkommen und wie du mir. Und wenn es wirklich nicht geht, überlegen: Ist ein Ausgleich in einem anderen Bereich möglich oder eine Entschädigung?

> »Bitten und bieten« heißt die Verhandlungsformel erwachsener Partnerschaft.

Wir können den anderen nicht zwingen, aber wir können bitten. Und wenn wir um etwas bitten, ist es günstig, auch etwas anzubieten. »Ich würde heute Abend gern mit dir schlafen.« »Das sagst du jetzt, wo der Abend fast vorbei ist?« »Du hast Recht. Morgen nehmen wir uns ein bisschen Zeit – bist du frei? – und ich lade dich vorher zum Essen ein.« Das ist doch ein Angebot. Mal sehen, ob sie nicht darauf eingeht. Also, statt fordern oder klagen bitten und bieten – das ist erwachsenes Verhandeln.

Übung: Einen Wunsch aussprechen

● Überlegen Sie:
  Gibt es etwas, was Sie sich seit längerem von Ihrem Partner wünschen, bisher aber nicht getraut haben auszusprechen?

Wie würde der Satz lauten, wenn Sie Ihren Wunsch als Bitte formulieren?
Womit könnten Sie Ihren Partner verlocken, Ihnen diesen Wunsch zu erfüllen?
- Probieren Sie aus, einen Wunsch zu äußern.
- Vereinbaren Sie auf jeden Fall einen Termin, um dreißig Minuten über Ihre Erfahrungen zu sprechen. Wenn es geklappt hat: Warum? Wenn es nicht geklappt hat: Warum nicht? Was müsste ich anders machen?

Gegensätzliche Interessen unter einen Hut bringen
Erwachsen verhandeln (4)

Ich habe schon erwähnt: Sich nicht selbst aufgeben – das ist die erste Grundregel moderner Partnerschaft. Sozusagen der Artikel 1 der Menschenrechte in einer Zweierbeziehung. (Siehe dazu auch Seite 186 ff.) Nicht ungeprüft seine eigenen Interessen und Lebenswünsche zurückstellen. Denn beide Partner haben den gleichen Rang. Beide haben das gleiche Recht, sich zu entfalten. Beide haben den gleichen Anspruch, dass ihre Bedürfnisse, Pläne und Interessen Gehör finden und berücksichtigt werden.

Wie aber kommen die zwei zu einer Einigung, wenn keiner sich selbst aufgeben soll, die Standpunkte jedoch völlig gegensätzlich sind, sich möglicherweise sogar ausschließen?

> Kein Partner kann den anderen zwingen, beide können aber Schritte auf einander zu machen.

Dieser Satz gilt ganz besonders für die wichtigen Entscheidungen im Leben des Einzelnen, des Paares oder der Familie. Gerade bei großen Lebensthemen ist es von Vorteil, die oben auf S. 67 f. genannten drei Schritte zu beachten.

Sie ist sich klar geworden, dass sie noch ein drittes Kind möchte. Sie weiß aber auch, dass ihr Mann die Familienplanung als abgeschlossen betrachtet. Da wird sie ihm ihren

Wunsch doch nicht schnell sagen, wenn er nach einem Arbeitstag müde nach Hause kommt.

Sie möchte nach der frühen Familienphase wieder berufstätig werden oder eine neue Ausbildung beginnen. Er möchte für die Familie ein Haus kaufen oder bauen. Sie möchte seine alte Mutter zu sich in die Wohnung nehmen oder erreichen, dass sie die Wohnung verlässt, egal. Das alles sind Entscheidungen, die sich nicht zwischen Tür und Angel regeln lassen.

Sein Chef hat ihm eine Beförderung angeboten, wenn er für fünf Jahre ins Ausland geht. Freudestrahlend kommt er heim und ist total gefrustet, als sie ihm entgeistert erklärt: »Aber du nimmst doch nicht an?!« Denn sie hat gerade drei Monate zuvor einen interessanten Job an ihrem jetzigen Wohnort angenommen, der sich mit der Erziehung der Kinder in Einklang bringen lässt. Auch positive Ereignisse im Leben können zu unerträglichen Spannungen führen.

Das eben genannte Paar hat nun die Wahl. Entweder sie zanken sich und jeder zieht sich enttäuscht zurück. Oder sie nehmen sich Zeit und Ruhe und überlegen – in mehreren Gesprächen –, welche Chance ihnen das Angebot bietet, ob sie aufeinander zugehen und einen Kompromiss finden können. Viele Lösungen sind denkbar: Er geht allein, verhandelt aber Urlaubszeiten, die ihm erlauben, ein paar Monate mit der Familie zu verbringen. Er geht allein, sie besucht ihn regelmäßig. Er geht für ein Jahr, sie kommt dann nach. Sie zieht mit ihm mit, nach fünf Jahren folgt er ihr für fünf Jahre. Sie tritt zurück und erhält eine Kompensation von ihm. Er lehnt die Beförderung ab und erhält dafür einen Ausgleich von ihr. Und so fort.

Es ist meist nicht leicht, eine für alle Beteiligten annehmbare Lösung zu finden: Sich zurückzunehmen im gemeinsamen Interesse, Kompromisse zu finden, Ausgleich für einen Verzicht zu vereinbaren. Zwei Erfahrungen können helfen:

> Pausen zum Nachdenken bewirken meist mehr als endloses Reden.

> Die Partner erlauben sich, unterschiedliche Interessen
> zu haben.

(Zu den unterschiedlichen Interessen der Partner siehe auch
S. 136 ff.)

Übung: Wie funktionieren wir, wenn wir nicht einig sind?

- Überlegen Sie gemeinsam: Gibt es zwischen uns Interessenkonflikte, für die wir im Moment keine Lösung sehen?
  Wie haben wir früher Interessenkonflikte gelöst?
  Haben wir überhaupt schon einmal einen Interessenkonflikt so gelöst, dass beide nachher zufrieden waren?
- Klären Sie: Was ist mein Interesse – und welches Bedürfnis steht dahinter?
  Was ist dein Interesse – und welches Bedürfnis steht dahinter?

73

Unterschiedlich sein ist eine Ressource

Ein Mensch möchte nicht mehr alleine sein. Auf dem Partner-markt schaut er sich nach einem passenden Gefährten oder einer passenden Gefährtin um. Bei ihrer Wahl wird diese Person, ob sie das nun weiß oder nicht, von zwei Prinzipien geleitet: »Gleich und gleich gesellt sich gern« und »Gegen-sätze ziehen sich an«. (Mehr zu Partnerwahl auf Seite 173 ff.) Manche Paare legen mehr Wert auf Übereinstimmung und Gemeinsamkeiten, andere suchen mehr den Unterschied und die Ergänzung. Aber stets wählen sich Lebenspartner nach beiden Grundsätzen aus.

In der Phase der ersten Liebe stören Unterschiede nicht, oder nur wenig. Ohnehin versuchen Paare in dieser Zeit zu allererst, Gemeinsamkeiten zu entdecken. Unterschiede werden als Be-reicherung erlebt. Bei frisch Verliebten herrscht die Sehnsucht nach Einssein und Übereinstimmung vor. Man möchte mit dem anderen verschmelzen. Irgendwann schlägt das Pendel aber wieder zurück. Es wird unübersehbar: Der andere ist anders als ich. Anders, als ich dachte oder hoffte, dass er sei. Anders als ich ihn mir wünsche, ersehne oder ihn brauche. Die Unter-schiede zwischen den Partnern sind häufig zweierlei zugleich: aufregend und anregend einerseits, anstrengend, lästig und är-gerlich andererseits. In dem Moment, in dem den Partnern das so nach und nach ins Bewusstsein tritt, sind sie dabei, die Phase der ersten Verliebtheit hinter sich zu lassen.

Die Paare haben nun die Wahl. Sie können versuchen, den Partner zu ändern. Das hat nach meiner Erfahrung zwar noch nie geklappt, schafft zudem viel Frust und Streit; aber manche Paare sind da sehr beharrlich. Oder die Paare tun so, als gäbe es keine Unterschiede. Vielleicht fürchten sie, ihre Beziehung sei in Gefahr, wenn sie Unterschiede klar benennen. Die Folge ist in der Regel viel unterschwelliger Missmut und Un-zufriedenheit. Sie stört zum Beispiel, dass er dauernd das Fenster aufreißt, ihn stört der Mangel an frischer Luft. Er stol-pert ständig über ihre Unordnung, sie findet ihn so unflexibel. Im Alltag – und das Leben besteht nun einmal zu mehr als

90% aus Alltag – gibt es tausend Anlässe, unterirdischen Frust und Groll anzusammeln. Die wirken dann wie Bomben im Keller: Irgendwann gehen sie in die Luft, aber man weiß nicht, wann. (Mehr zur Tiefkühltruhe der Seele auf Seite 182.)

Partner, die sich auch nach vielen Jahren immer noch Mühe geben, den anderen zu ändern oder zu übersehen, dass er oder sie eine eigenständige Persönlichkeit ist, sind in der Verliebtheitsphase stecken geblieben. Nur dass der siebte Himmel von einst zur Hölle zu werden droht. Schließlich gibt es die Möglichkeit, erwachsen mit Unterschieden umzugehen. Das sieht so aus.

> Paare, die sich erwachsen verhalten, akzeptieren die Grundeinsicht: Ich werde die Person meines Partners nicht ändern.

Aber ich kann ihn bitten, ein Verhalten zu ändern, das mich stört oder verletzt.

> Sie beschließen, nicht gekränkt oder enttäuscht zu sein, dass der andere andere Interessen hat als sie und sich möglicherweise eigenständig entwickelt.

Unterschiedliche Interessen können Probleme schaffen. Aber über Probleme kann man ja reden und Lösungen finden. Sie wissen auch:

> Je klarer Sie Unterschiede benennen und zulassen, desto näher können Sie sich sein. Unterschiede anerkennen schafft häufig neue Gemeinsamkeit.

Es ist ein großer Schritt von der Phase der Verliebtheit zum Stadium der erwachsenen Partnerschaft. Aber dieser Schritt ist die Voraussetzung für eine glückliche Paarbeziehung. Er trägt entscheidend dazu bei, dass zwei Partner sich auf Dauer miteinander wohlfühlen und sich zugleich jeder Einzelne entwickeln und entfalten kann.

Übung: Fest der Unterschiede

- Lernen Sie sich noch einmal kennen – so, wie Sie heute sind. Setzen Sie sich dazu eine halbe Stunde gemütlich zusammen und fragen Sie sich: Wo sind wir beide extrem unterschiedlich? Wie passt das zusammen?
- Überlegen Sie bitte: Konnten wir Unterschiede benennen, ohne uns zu kritisieren?

Regel 5:
Lerne, dich mitzuteilen.
Rede von dir – lass die
Du-du-Pistole im Halfter

Zuhören statt zureden
Lektion 1 in gewaltloser Kommunikation

»Wir können nicht mehr miteinander reden«, sagt eine be-
drückte Stimme am Telefon. »Können wir mal zu Ihnen kommen?« Dann sitzt das Paar mir gegenüber und hat sich geeinigt, dass sie anfängt. Sie legt gleich los: »Wissen Sie, wir
können überhaupt nicht mehr miteinander reden!«, und redet
und redet und redet. Der Raum füllt sich mit Enttäuschungen,
Vorwürfen, Verzweiflung, Ärger, Trauer, Verletzungen, uner-
füllter Sehnsucht, unterdrückter Wut. Nach einer Weile ist er
dran. Er beginnt genauso wie sie: »Wissen Sie, wir können
überhaupt nicht mehr miteinander reden!«, und redet und redet und redet. Wieder ist der Raum voll von Resignation,
Groll und Ratlosigkeit. Oder er wendet sich ab und schweigt.
Aber dieses Schweigen ist sehr beredt, es drückt massive Un-
zufriedenheit aus, enttäuschte Erwartungen und Frust. Denn
Reden tun wir immer, auch wenn wir beharrlich schweigen.

Ich denke: Irgendetwas stimmt hier nicht. Reden können
sie. Das tun sie sogar viel zu viel. Sie reden sich gegenseitig
tot, ob sie dabei nun Worte benutzen oder sich in massives
Schweigen hüllen. Was sie nicht können ist: zuhören.

> In einer Liebesbeziehung bedeutet Kommunikation erst
> einmal: hören, hören, hören.

Warum fällt es oft so schwer, dem anderen zuzuhören, ihm
»ein offenes Ohr zu schenken«? Weil die Ohren vollgestopft
sind mit Vorwürfen, Anschuldigungen, Unterstellungen. Zwi-

schen den Liebenden hat sich eine unsichtbare Mauer gebildet, gebaut aus Unverständnis, Lähmung, Rückzug, Missverständnissen, Abwertungen und Mangel. (Mehr hierzu unter *Beziehungsinfarkt* auf S. 189 f.)

> Reden ist sinnlos, wenn der andere nicht zuhört.

Hören und Reden gehören zusammen. Dabei scheint Hören das Wichtigere von beiden zu sein, vor allem, wenn Ihre Liebesbeziehung nicht mehr ganz neu ist. Denn als Sie frisch verliebt waren, war das Ohr des anderen offen für Sie (oder Sie haben es zumindest geglaubt).

> Kommunikation = Hören und Reden, Reden und Hören

Es geht darum, so zu *reden*, dass Ihr Partner oder Ihre Partnerin es hören, es aufnehmen kann, denn – ich erinnere an den Kernsatz von S. 45 – Sie können die Ohren Ihres Partners nicht ändern. Was können Sie dann tun, wenn Sie das Ohr und das Herz Ihres Partners öffnen möchten? Sie achten auf

- Ihren Tonfall: Er ist freundlich, nicht vorwurfsvoll, klagend, abwertend oder ironisch.
- Körperhaltung und Gesichtsausdruck: Sie sind zugewandt, nicht abgewandt oder drohend.
- Ihre Wortwahl (dazu gleich mehr ab S. 85).

Es geht darum, so zu *hören*, dass Sie aufnehmen, was Ihr Partner oder Ihre Partnerin Ihnen mitteilen möchte, *was er oder sie meint* (nicht nur, was er oder sie sagt). Ob Sie hörbereit sind bzw. aufmerksam zuhören, liest Ihr Partner ab an

- Ihren Augen: Sie schauen ihn an, Sie schauen nicht weg. Sie blicken nicht finster oder genervt zur Decke.
- Ihrem Gesichtsausdruck: Sie sind offen, nicht ablehnend, desinteressiert oder verschlossen. Sie runzeln nicht die Stirn. Wenn Sie zustimmen können, nicken Sie.
- Ihrer Körperhaltung: Sie wenden sich dem anderen zu, Sie wenden sich nicht ab.

- Ihren Gesten, zum Beispiel Ihren Händen: Sie legen die Zeitung oder das Küchenmesser oder was Sie gerade in der Hand haben beiseite.

Erfolgreiche Strategien: zuhören, hinhören, nachfragen, bestätigen, was Sie verstanden haben, zustimmen, die Ansicht des Partners respektieren, auch wenn Sie anderer Meinung sind.

Schädliche Strategien: überhören, weghören, verhören, zureden, überreden, dem andern etwas einreden, dazwischenreden, zerreden, schönreden, drumherum reden, in Abrede stellen, widersprechen, dauerreden, totreden.

Sie haben die Wahl.

Übung: Den eigenen Trennungsstrategien
auf die Schliche kommen (1)

- Überlegen Sie: Gibt es Situationen, in denen Sie versuchen, Ihren Partner zu überreden? Welche sind das?
  Gibt es Situationen, in denen Sie versuchen, Ihren Partner zu überhören? Welche sind das?
- Teilen Sie sich Ihre Einfälle mit, aber
- diskutieren Sie nicht darüber (jedenfalls heute nicht).

Sich mitteilen statt Reden halten
Lektion 2 in gewaltloser Kommunikation

»Lass mich bitte mal ausreden!« »Du redest doch schon die ganze Zeit!« »Ich war aber noch nicht fertig. Immer musst du mich unterbrechen!« »Du kommst ja nie zum Ende!« Die Stimmen sind erregt, die Köpfe sind rot, die Stimmung ist gespannt. Kennen Sie solche Wortwechsel?

Oder: »Schrei doch nicht so!« »Ich schreie überhaupt nicht, *du* schreist!« »Quatsch, ich schreie nicht. Ich bin die Ruhe selbst. Aber *du* hörst ja nie zu!« »Wenn du so schreist!!« Die Szene stammt nicht von Loriot. Sie stammt aus dem Alltag der Paare. Aber Loriot könnte sie dort aufgeschnappt haben.

Eins ist sicher bei solchen Dialogen: Keiner hört mehr zu. Das ist schon tragisch. So viel Energieaufwand – so wenig Nutzen.

> »Ich bin ganz meiner Meinung.«

Dieses Graffito las ich an einer Wand in Berlin. Ich finde es hervorragend. So reden Politiker im Bundestag, wenn das Fernsehen dabei ist. (Darum finde ich, dass die Übertragung von Bundestagsdebatten im Fernsehen in die Kategorie von »jugendgefährdend« gehört. Denn Kinder und Jugendliche sollten sich aus dem Fernsehen nicht abgucken, wie Kommunikation *nicht* funktionieren *kann*.) So reden – leider – oft auch Eheleute oder Lebenspartner miteinander. Mit Verständigung hat das nichts mehr zu tun, denn *Verständ*igung schließt ein, dass Ihr Verstand noch funktioniert, selbst wenn heiße Gefühle im Spiel sind.

»Ich bin ganz meiner Meinung« – das ist meist ein langer Monolog. Es ist zugleich der Versuch, Macht und Gewalt auszuüben. Eine *Mitteilung* sieht anders aus: Ich teile nicht aus, ich teile mit. *Ich teile* mit einem anderen, was mir wichtig ist, in der Hoffnung, er nimmt es an. Wenn ich etwas geben will, muss ich erst sicherstellen, dass der andere bereit und interessiert ist, etwas von mir in Empfang zu nehmen. Sonst überrenne ich ihn. Mitteilen setzt also voraus, dass ich mein Gegenüber achte.

> Achtung vor dem anderen, Respekt vor ihm und seinen Wünschen ist die Grundhaltung gewaltloser Kommunikation.

Als Konsequenz aus dieser Einstellung ergeben sich zwei Grundregeln für Partner in Liebesbeziehungen. Es ist einfach, sie zu formulieren, aber nicht ganz so einfach, sie anzuwenden:

> Erstens: Unterbrich den anderen nicht. Höre ihm ruhig und aufmerksam zu.

Denn sonst nimmst du ihn nicht ernst.

> Zweitens: Unterbrich den anderen sofort,
> wenn du ihm nicht mehr aufmerksam zuhören kannst.

Denn wenn Sie ihn weiterreden lassen, aber längst nicht mehr
zuhören oder schon Ihre Gegenrede vorbereiten, dann nehmen Sie ihn auch nicht ernst. Du wertest ihn ab. Entscheidend
ist allerdings, wie Sie den anderen unterbrechen, in welchem
Ton das geschieht. Erfolg könnten Sie haben, wenn Sie ohne
Ärger in der Stimme sagen: »Ich kann dir nicht mehr gut zuhören, du redest so laut. Sag es bitte noch einmal etwas ruhiger.« Oder: »Ich möchte dir gerne noch zuhören, aber es ist
jetzt zu viel für mich. Können wir nach dem Abendessen
weiterreden, für zwanzig Minuten?«

Übung: Den eigenen Trennungsstrategien
auf die Schliche kommen (2)

- Überlegen Sie: Welches Gefühl überwiegt bei Ihnen,
  wenn Sie versuchen, Ihren Partner
  zu überreden? Was befürchten
  Sie möglicherweise?
  Welches Gefühl
  überwiegt bei
  Ihnen, wenn Sie
  versuchen, Ihren
  Partner zu überhö-
  ren? Was befürch-
  ten Sie möglicher-
  weise?
- Teilen Sie sich Ihre
  Einfälle mit, aber
- diskutieren Sie
  nicht darüber
  (jedenfalls
  heute nicht).

Das Bedürfnis heraushören statt Trennungskarussell fahren
Lektion 3 in gewaltloser Kommunikation

Es scheint ein friedlicher Abend zu werden. Sie nimmt ihren Mut zusammen und will zur Sprache bringen, was ihr am Herzen liegt: »Lass uns doch endlich einmal über unsere Beziehung reden!« Er sieht von der Sportzeitung auf und antwortet: »Na gut, wenn du willst.« Sie spürt sein Zögern und will sich vergewissern: »Bist du auch wirklich bereit?« Er entgegnet, schon leicht angespannt: »Ja ja, ich habe nichts dagegen! Rede nur. Ich bin da, ich hör' ja zu!« Darauf sie: »Genau das habe ich befürchtet. Du willst gar nicht richtig!!«

Jetzt müssten wir seine Augen sehen, wie er genervt zur Zimmerdecke blickt und murmelt: »Mein Gott, und ich hatte mich so auf einen ruhigen Abend mit Fußball im Fernsehen gefreut!« »Siehst du!« meint sie empört. »Das habe ich mir gleich gedacht. Fernsehen ist dir wichtiger als ich. Für mich hast du überhaupt keine Zeit mehr!«

Er schaut auf den Boden und stöhnt: »Geht das schon wieder los?«

Das Gleiche noch einmal anders. Wieder sieht es nach einem gemütlichen Abend aus. Er nimmt seinen Mut zusammen und will zur Sprache bringen, wonach er sich sehnt: »Lass uns doch endlich mal wieder richtig Sex haben!«

Sie wendet sich müde zur Seite: »Ich habe meine Tage (oder: Ich bin heute so kaputt. Oder: Ich fühle mich nicht wohl, ich habe Kopfschmerzen).«

Er enttäuscht, in leicht ärgerlichem Ton: »Immer dasselbe. Nie hast du Lust. Früher wolltest du zweimal am Tag, jetzt höchstens zweimal im Monat! Was ist nur mit dir los?!«

Sie stöhnt: »Geht das schon wieder los?«

Kennen Sie solche Dialoge? »Geht das schon wieder los?« Nicht zum ersten Mal redet der eine auf den anderen ein. Nicht zum ersten Mal hört der andere weg. Blitzschnell, innerhalb von ein oder zwei Minuten, wird aus einem gemütlichen Heim ein Schlachtfeld. Der Supergau ist da.

Was beide tun: das Karussell »überreden und überhören, überhören und überreden« besteigen. Es dreht sich immer schneller, aber keiner kommt dem anderen näher. Was beide haben und produzieren: Ärger und Enttäuschung. Was beide nicht bekommen: Was sie sich wünschen, die Befriedigung ihrer Bedürfnisse. Was beide nicht verstehen: Warum der andere nicht will.

Was ist schlimm daran, dass sie mit ihm reden möchte? Früher haben sie das doch oft und gerne getan, auch er. Sie befürchtet vielleicht, dass zwischen ihnen ein Kommunikationsinfarkt droht, und möchte nicht, dass daraus ein Beziehungsinfarkt wird. – Was ist schlimm daran, dass er sie begehrt und Sex mit ihr haben möchte? Früher haben sie das doch oft und mit Leidenschaft getan, auch sie. Er befürchtet vielleicht, dass die sexuelle Lust und die Körperkontakte zwischen ihnen einschlafen und ihre Beziehung in Frust und Langeweile untergeht.

> Wenn sich das Karussell »überreden – überhören«
> auch in Ihrer Partnerbeziehung dreht, dann droht Ihnen
> ernsthaft Gefahr.

> Je häufiger Sie dieses Karussell fahren, je schneller es
> sich dreht, desto höher ist die Wahrscheinlichkeit, dass
> Ihre Beziehung auseinander geht.

Warum? Wer den anderen dauernd überreden muss, missachtet ihn und landet erfahrungsgemäß nach einer Weile bei Verachtung. Verachtung aber ist das genaue Gegenteil von Liebe und Respekt. Wer den anderen ständig überhören muss, missachtet ihn auch und mauert sich ein. Das ist das genaue Gegenteil von Nähe und Zuneigung. Als Sie sich füreinander entschieden haben, haben Sie sich nicht Verachtung und Kälte versprochen, sondern Liebe, Nähe und Zärtlichkeit.

Was Sie konkret tun können? Steigen Sie ab vom Trennungskarussell. Und üben Sie die Kommunikationsregeln S. 85 bis S. 96 ein.

Übung: Den eigenen Trennungsstrategien
auf die Schliche kommen (3)

- Gewinnen Sie etwas Abstand zu sich selbst. Überlegen
  Sie bitte:
  Welches starke Gefühl erfüllt oder beherrscht mich,
  wenn ich meinen Partner zu *überreden* suche?
  Welcher Wunsch, welches Bedürfnis, welche Sehnsucht
  steht *hinter* dem Gefühl, wenn ich meinen Partner zu
  überreden suche?
- Teilen Sie sich Ihre Einfälle nicht mit, jedenfalls nicht
  jetzt.

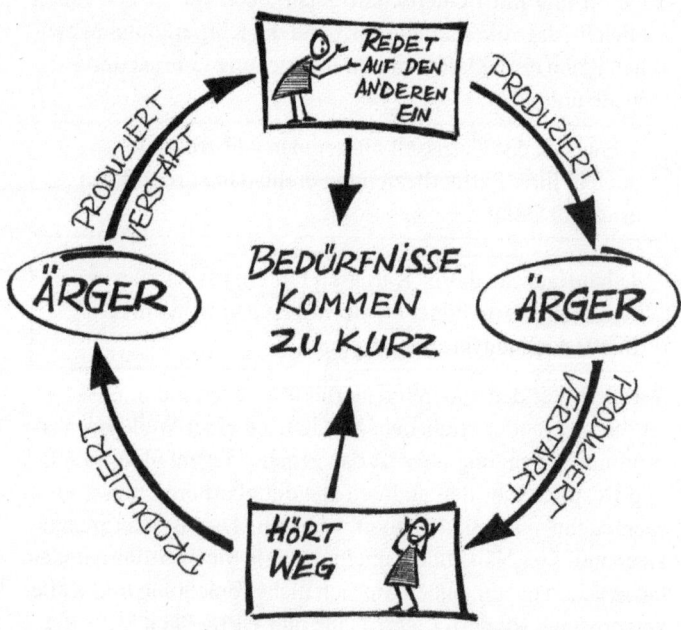

»Ich« statt »Du«: Wünsche äußern statt Vorschriften machen
Lektion 4 in gewaltloser Kommunikation

Es kommt immer wieder vor und es geschieht ganz schnell: Die Partner beschießen sich mit Du-Botschaften. »Du hast schon wieder« – »Du aber auch«. »Du, Du !« »Du, Du!« Blitzschnell werfen sie sich Vorwürfe an den Kopf. Sie schießen zurück, bevor der andere zu Ende gesprochen hat – sie wissen sowieso schon, was er sagen will. Dieses Verfahren ist international sehr verbreitet, trotzdem wenig erfolgreich.

> Wenn wir die Du-du-Pistole zücken, zwingen wir den Partner, zurückzuschießen.

Oder sich zu verschließen. Bei Paarbeziehungen, die im Alltag angekommen sind, ist ein Satz, der mit Du beginnt, meist ein Angriff. Der Partner fühlt sich attackiert, er muss sich schützen. Er verteidigt sich mit einem Gegenangriff. Oder er zieht sich zurück. In jedem Fall macht er zu. Ergebnis: Beide fühlen sich schlecht.

> Kein Mensch hat das Recht, anderen Menschen schlechte Gefühle zu machen.

Dieser allgemeine Beziehungsgrundsatz gilt für Liebende in besonderem Maße. Denn was haben die Liebespartner sich versprochen, als sie frisch verliebt waren? Angenehme Zeit miteinander zu verbringen und sich gegenseitig grundlegende Bedürfnisse und Wünsche zu erfüllen wie die nach Anerkennung, Wertschätzung, Liebe und Zärtlichkeit. Mit vorwurfsvollen Du-Sätzen brechen wir diesen stillschweigenden Partnervertrag. (Vergleiche dazu S. 178 f.) Wir wechseln die Rolle. Wir verlassen die gleichberechtigten Positionen einer erwachsenen Liebesbeziehung: »Ich liebe dich – du liebst mich.« Wir werden Eltern, die ein unartiges Kind kritisieren. Wir erwarten, dass der andere gehorcht, dass er sich so verhält, wie wir es uns vorstellen. Das ist Verrat an der Liebeserklärung von einst: »Ich mag dich so, wie du bist.«

> »Ich liebe dich« fängt mit »Ich« an.

Alle Sätze, die aus dem Herzen kommen und das Herz des Liebsten öffnen, beginnen mit »Ich«. Ich mag dich. Ich möchte mit dir zusammen sein. Mir geht es gut, wenn du da bist. Ich fühle mich wohl bei dir. Ich finde dich schön.

Vergleichen Sie einmal die beiden Sätze: »Können wir nicht endlich mal wieder ausgehen?« und »Ich würde heute Abend gerne mit dir ausgehen«. Wenige Worte sind verändert, doch klingt die zweite Formulierung ganz anders. Ein Satz, der mit »Ich möchte gern …« »Ich würde gern …« beginnt, teilt einen Wunsch mit, etwas von Ihnen selbst. Sie öffnen sich. Sie sagen, was Ihnen wichtig ist. Sie beklagen sich nicht. Sie bedrohen nicht. Sie respektieren den anderen, Sie lassen ihm die Wahl. Er kann antworten: »Können wir machen«, oder: »Heute lieber nicht.« Sie können entgegnen: »Gut, dann schlage ich morgen vor. Und was machen wir heute Abend, oder hast du keine Zeit?« Oder Sie reagieren: »Ich sehe, du willst heute nicht. Wie wäre es, wenn wir nachher wenigstens gemeinsam einen Tee trinken, zwanzig Minuten?« Das ist erwachsene Liebe. Sie klopfen beim anderen an und Sie verhandeln. Sie achten den anderen und was er möchte.

> Wünsche können Ohren öffnen, Befehle und Klagen verschließen sie.

Erfolgreiche Strategien: Sätze mit »Ich« beginnen, Wünsche äußern, etwas von sich mitteilen, offene Fragen stellen.
Gewaltstrategien: Du-Sätze, beschimpfen, bedrängen, bedrohen, befehlen, anordnen, anklagen, bejammern …
Sie haben die Wahl.

(Damit keine Missverständnisse aufkommen: »Ich hasse dich« ist ein Du-Satz, auch wenn er mit Ich beginnt. »Du bist wunderschön« ist ein Ich-Satz, auch wenn er mit Du anfängt. Wie so oft geht es darum zu hören, was gemeint ist, nicht nur, was gesagt wird.)

> Übung: Den eigenen Gewaltstrategien
> auf die Schliche kommen (4)

- Gewinnen Sie etwas Abstand zu sich selbst. Überlegen Sie bitte:
  Welche Gefühle erfüllen oder beherrschen mich, wenn ich meinen Partner zu *überhören* suche?
  Welcher Wunsch, welches Bedürfnis, welche Sehnsucht steht *hinter* diesen Gefühlen?
- Teilen Sie sich Ihre Einfälle nicht mit, jedenfalls nicht jetzt.

Konkret bleiben statt Giftworte verwenden
Lektion 5 in gewaltloser Kommunikation

Noch einen Zacken schärfer als Du-du-Angriffe sind Pauschalbeschuldigungen, und beides zusammen ergibt einen völlig ungenießbaren Cocktail. »Nie kann man sich auf dich verlassen. Immer muss ich alles alleine machen!« »Nichts kann man dir rechtmachen. Immer meckerst du an allem herum!«

> »Immer« und »nie« stimmt nie.

Strategisch gesehen ist es ziemlich unklug, solch allgemeine Behauptungen aufzustellen. Bloß denkt man im Moment nicht daran. Der Gegenspieler kann nämlich ohne viel Mühe kontern: »Stimmt nicht. Am letzten Wochenende habe ich die Einkäufe gemacht. Und wer war mit Max beim Arzt und hat da stundenlang gewartet, nur weil du so ängstlich bist? Und wo wir schon mal dabei sind: Nie bekomme ich deine Unterlagen für die Steuererklärung, immer muss ich …« usw.

Im Grunde sind solche Wortgefechte recht langweilig. Es ist zwar viel los, aber es passiert nichts. Das Streitkarussell dreht sich auf hohen Touren. Doch kommen Sie, wie das beim Karussellfahren so ist, keinen Millimeter weiter. Im Gegenteil. Es gibt fast nur Nachteile:

1. Sie werden Ihre Vorwürfe nicht los. Stattdessen bekommen Sie Ihrerseits jetzt Vorwürfe gemacht, weil Ihre Attacke den Partner zum Gegenangriff zwingt und reizt.
2. Der Partner beweist Ihnen auch noch, dass Sie total ungerecht sind, weil sich gegenüber »immer, nie, alles, nichts« stets ein Gegenbeispiel finden lässt, das Sie ins Unrecht setzt.
3. Sie bleiben auf Ihren heftigen Gefühlen sitzen.
4. Der Kampf kostet viel Energie – und am Ende fühlen sich alle schlecht.

> »Immer, nie, alles, nichts« gehören zu den sechs gebräuchlichsten Giftworten in Partnerbeziehungen.

Giftwörter beschreiben keine Tatsachen, sie drücken Gefühle aus. Zugleich vergiften sie jedoch die Atmosphäre – nachhaltig. Darum steigen Sie ab vom Vorwurfskarussell. Versuchen Sie zu verstehen, was Ihr Partner *meint*, wenn er Du-du-Angriffe mit Giftwörtern garniert:

> Hinter jedem Vorwurf steht ein Wunsch.
> Sage Deinen Wunsch, verzichte auf den Vorwurf.

Erfolgreiche Strategien:
- Teilen Sie mit, was Sie *wirklich* wollen. Beginnen Sie mit »Ich«. Zum Beispiel: »Ich bin sehr ärgerlich (wütend, unzufrieden), weil …« Begründen Sie Ihr Gefühl. Beachten Sie die Regeln des Ärgermanagements (dazu mehr unter Grundregel 7).

- Seien Sie *konkret*. Schildern Sie *einen* konkreten Vorfall, der Sie stört oder gestört hat. Bleiben Sie bei *diesem einen* Vorfall. Lassen Sie Verallgemeinerungen und Giftworte weg, um jeden Preis.
- Begründen Sie *kurz, was genau* Sie in Schwierigkeit gebracht hat und *warum*.
- *Begrenzen Sie zeitlich*: »Heute Nachmittag war ich sauer, denn …« Damit machen Sie deutlich: Ich rede über ein bestimmtes Ereignis, nicht über unsere Beziehung.
- *Wenn Ihr Partner wütend ist*: Bitten Sie ihn, bei einer konkreten Situation, einem bestimmten Ereignis zu bleiben, damit Sie auch genau verstehen, was ihn stört.

Sackgassen: Weiter Vorwurfskarussell fahren, mit Giftwörtern zurückschlagen. Die Situation unter dem Motto »Auf in den Kampf« zu einer Generalabrechnung nutzen.

Übung: Vorwürfe verstehen

- Überlegen Sie: Welche Wünsche, welche Bedürfnisse stehen möglicherweise hinter den oben S. 87 genannten beiden Äußerungen: »Nie kann man …« und »Nichts kann man …«
- Tauschen Sie sich mit Ihrem Partner über Ihre Einfälle aus. (Jeder hat Recht.)

Verhalten beschreiben statt den Partner als Person angreifen
Lektion 6 in gewaltloser Kommunikation

Ein Ärger kommt selten allein. Beim ersten Mal verzeihen Sie Ihrem Partner vielleicht noch, wenn er tut, was Sie stört. Wirklich lästig wird es, wenn Ihr Partner sich sein Verhalten nicht abgewöhnt.

Er lässt gerne Türen und Fenster aufstehen, denn er braucht frische Luft. Sie macht Fenster und Türen ständig zu, denn sie friert leicht. »Immer lässt du die Türen auf!« sagt sie vorwurfsvoll, »du bist so rücksichtslos!«

Er ist ordentlich und drückt die Zahnpasta stets am Ende. Sie ist spontan. Sie nimmt die Tube einfach in die Hand und drückt dann. Um sich nicht permanent zu ärgern, hat er ihr eine eigene Zahnpastatube gekauft. Mit der kann sie machen, was sie will. Nur seine soll sie in Ruhe lassen. Sie aber vergisst, welches ihre ist, nimmt einfach irgendeine Tube und drückt, wie immer, in der Mitte. Ihn stört das zutiefst. »Kannst du nicht mal …«, knurrt er verärgert. »Du bist so unordentlich!!«

Nichts regt sie so auf, wie wenn er schmutziges Geschirr in die Spülmaschine tut, bevor die gewaschenen Teller und Tassen ausgeräumt sind. »Du bist so bequem!« wirft sie ihm vor. »Und du so pingelig!«, wehrt er sich.

Eigentlich ist das mit der offenen Tür oder der Zahnpasta eine Lappalie. Es lohnt nicht, darüber auch nur ein Wort zu verlieren. Wenn es aber zwei, drei Mal die Woche passiert, und 53 Wochen im Jahr, gewinnt sie den Eindruck, er lässt *immer* die Tür offen stehen, und er denkt, sie drückt *extra* in der Mitte der Tube.

Klein-Ärger ist wie Sand in den Schuhen. Anfangs nehmen Sie ihn kaum wahr. Je länger Sie jedoch damit herumlaufen, desto mehr stört er. Klein-Ärger schafft auf Dauer Groll. Sie haben es dem anderen schon x-mal gesagt. Trotzdem ändert er sein Verhalten nicht. Das verstärkt den Dauer-Groll. Eine Möglichkeit, Ärger und Groll loszuwerden, ist einen draufzusetzen: *»Du bist«* – so unordentlich, pingelig, bequem, rücksichtslos …

> Damit schildern Sie nicht mehr ein Verhalten.
> Sie beschreiben jetzt den defizitären Charakter Ihres Partners.

Sie schreiben ihren Partner fest. Sie sperren ihn in eine Schublade und schließen ihn dort ein. Das ist zwar verständlich, aber trotzdem ungerecht und unlogisch.

Ungerecht: Sie werfen Ihrem Partner genau das vor, weshalb Sie ihn ausgewählt haben. Gerade dass er so sorglos ist, hat sie zu Beginn an ihm gemocht – jetzt findet sie die Türen, die er offen stehen lässt, rücksichtslos. Gerade dass sie spontan und nicht so ordnungsbewusst ist wie er, fand er am Anfang anziehend; jetzt stört ihn die zerdrückte Zahnpastatube.

Unlogisch: Wenn Sie Ihren Partner als unzuverlässig, zwanghaft, hysterisch, rigide oder wie auch immer etikettieren, weil Sie der festen Überzeugung sind, er oder sie sei so, dann ist es ein Widerspruch zu verlangen, er oder sie solle anders sein.

Sie haben die Wahl: Entweder Sie schreiben Ihren Partner fest. Dann schließen Sie ihn in die Schublade Ihrer Vorstellungen ein wie in ein Gefängnis. Daraus können Sie beide schwer entkommen. Oder:

Sie unterscheiden strikt zwischen dem Verhalten Ihres Partners – und seinem Charakter. Damit lassen Sie Ihrem Partner ein Chance – und Ihrer Liebesbeziehung auch.

Übung: Zwischen Verhalten und Person unterscheiden (1)

- Überlegen Sie: Kommt es vor, dass Ihr Partner Sie mit einem »Du bist so …!« angreift? Was genau sagt er oder sie?
  Welche Impulse, welche Gefühle steigen in Ihnen auf?
- Teilen Sie sich Ihre Einfälle mit (vorausgesetzt, der andere ist dazu bereit), aber
- diskutieren Sie nicht darüber (jedenfalls heute nicht).

Fehler eingestehen statt die Schuld beim Partner suchen
Lektion 7 in gewaltloser Kommunikation

Im Briefkasten liegt ein unschuldiger kleiner Brief. Nicht so unschuldig ist der Inhalt: Im Halteverbot geparkt, Strafe nicht gezahlt, Mahnung übersehen – das macht gleich ein hübsches Sümmchen.

Ärgerlich faucht er: »*Du* hattest falsch geparkt, nicht ich!« »Aber *du* hattest gesagt, du kümmerst dich um die Überweisung!« »Aber du hättest mich erinnern können!« So geht es ein Weilchen hin und her.

> Wer hat Recht? Beide. Wer hat Unrecht? Beide, oder genauer gesagt: Beide sind beteiligt.

So ist das häufig. Irgendetwas ist schief gelaufen. Beide haben nicht aufgepasst oder Mist gebaut. Keiner jedoch will die Ursache für das Missgeschick bei sich selber sehen. Keiner will den eigenen Anteil am Unglück anerkennen. Jeder sucht, den anderen zum Sündenbock zu machen.

Es ist ein altes Spiel, das älteste, das Paare spielen. Bereits Adam und Eva haben diese Strategie versucht. Es hat schon im Paradies nicht geklappt. »Ihr solltet doch von diesem Baum nicht essen!«, wird ihnen vorgehalten. »Eva ist schuld!«, verteidigt sich Adam. »Die Schlange ist schuld«, sagt Eva. Heute haben Paare keine Schlange mehr als Haustier. Darum schieben sie sich die Schuld und unangenehme Empfindungen gerne gegenseitig zu. Adam- und Eva-Syndrom nennt man das.

Was macht es so schwer, Kritik zu ertragen? Was macht es so unerträglich, Fehlverhalten einzugestehen? Warum versichert uns ein vierjähriges Kind mit Nutella-verschmiertem Gesicht treuherzig: »Nein, ich habe keine Nutella gegessen?«

Menschen brauchen Zuwendung, Wertschätzung, verbale »Streicheleinheiten« so notwendig wie die Luft zum Atmen. Besonders wenn sie klein sind. Vorwürfe wirken auf unseren Organismus, auf unsere Seele ähnlich wie Verletzungen auf unseren Körper: Sie tun weh. Sie machen Angst, bewirken Unbehagen.

> Kritik von einem nahe stehenden Menschen verursacht seelischen Schmerz. Seelische Schmerzen sind genauso unerträglich wie körperliche Schmerzen.

Ein Kind mag auf das Messer schimpfen, mit dem es sich geschnitten hat. In späterem Alter wird ein solches Verhalten als nicht sehr erwachsen gelten. Ein Kind mag einen Fehler leugnen, weil es Angst hat, die Zuwendung der Eltern zu verlieren, ohne die es nicht überleben kann. Erwachsene haben häufig noch die gleichen kindlichen Reflexe. Wer lässt schon gerne »etwas auf sich sitzen« (selbst wenn es stimmt)? Es sagt sich so leicht und ist doch so schwer einzuhalten: Verantwortung für Fehler zu übernehmen statt was unangenehm ist auf den anderen abzuschieben. Aber es hilft nichts.

> Wir müssen neue, erwachsene Reflexe lernen.

Denn wir sind nicht mehr in unserer Existenz bedroht, wenn wir zugeben, etwas falsch gemacht zu haben. Im Gegenteil, die Erfahrung zeigt: Vertrauen und Nähe in Beziehungen wachsen, wenn wir Fehler eingestehen und uns selber in Frage stellen. Weil wir als Menschen reagieren. Nobody is perfect. Fehler zugeben macht uns menschlich, und nicht selten liebenswerter, sympathischer. Darum, wenn etwas schiefgelaufen ist in Ihrer Liebesbeziehung oder Ihr verletzter Gerechtigkeitssinn auf den anderen einschlagen will:

> Atmen Sie drei Mal tief durch, fragen Sie sich zuerst: Was ist mein Anteil?, bevor sie zuschlagen: »Es liegt an dir.«

Übung: Zwischen Verhalten und Person unterscheiden (2)

- Überlegen Sie: Kommt es vor, dass Sie Ihren Partner mit einem »Du bist so ...!« angreifen? Was genau sagen Sie?

Welche Gefühle stehen hinter Ihrem Zorn? Was verletzt Sie?

● Teilen Sie sich Ihre Einfälle mit, (vorausgesetzt, der andere ist dazu bereit), aber

● diskutieren Sie nicht darüber (jedenfalls heute nicht).

Im Dreieck von Angriff, Selbstverteidigung und Sehnsucht
Kleine Waffenkunde der Liebesbeziehungen

Seit Jahrzehnten höre ich als Berater und Therapeut Paaren zu. Immer wieder bin ich verblüfft über ihre Kreativität. Fast unerschöpflich erscheint der Einfallsreichtum, wenn es darum geht, den Partner fertigzumachen oder einzuwickeln. Es bräuchte ein eigenes Buch, um alle Techniken aufzuzählen, darum hier nur ein kleiner Überblick.

Von Giftwörtern war schon die Rede (S. 88). Genauso wirkungsvoll ist das Wort *typisch*: »Typisch Frauen!« »Typisch Männer!« Sie stecken den anderen in eine Kiste. Er kann sich wehren, wie er will, er kommt nicht heraus, denn es ist ja typisch. – Oder selbstverständlich: »Das ist doch selbstverständlich!« Nichts ist selbstverständlich (siehe dazu auch S. 47). Das Fatale am Stichwort *selbstverständlich*: Sie messen Ihren Partner an der Latte Ihrer Erwartungen, die Sie ihm nicht mitgeteilt haben, auch gar nicht mitteilen können, denn: »Das ist doch selbstverständlich!!« Eben. Bloß, den Partner treffen Ihre Vorwürfe/Erwartungen wie aus heiterem Himmel.

> Die sechs gebräuchlichsten Giftworte in Paarbeziehungen: immer, nie, alles, nichts, typisch und selbstverständlich.

In die gleiche Sparte gehört es, wenn Sie sich selber oder den anderen definieren: »Ich bin eben großzügig!« »Du kannst dich eben nicht durchsetzen.« Stets schreiben Sie mit solchen Sätzen Ihren Partner fest – und fahren Ihre Beziehung in die Sackgasse.

Bei Brandwunden unterscheidet man Verbrennungen ersten, zweiten und dritten Grades. Die Letzteren sind oft tödlich. Eine Festschreibung zweiten Wirkungsgrades ist es, wenn Sie Ihrem Partner seine Mutter, seinen Vater oder seine Familie zum Vorwurf machen: »Du bist genau wie deine Mutter!« »Dein Vater hat auch nie ...« »Das scheint bei euch wohl in der Familie zu stecken!« Dagegen kann der andere gar nichts sagen. Gibt er zu: »Ja, ich bin auch oft so durcheinander wie meine Mutter«, hat er verloren. Leugnet er: »Stimmt nicht!«, hat er auch verloren, denn Sie können hohnlachend erklären: »Kannst du ja gar nicht beurteilen!« Natürlich ist Ihr Vorwurf ein bisschen billig. Jeder Mensch ist durch seinen Vater und seine Mutter geprägt, und jeder Mensch ist auch anders als seine Eltern. Ihr Angriff ist auch unfair: Denn Ihr Partner hatte dieselbe Mutter und denselben Vater bereits, als Sie in ihn oder sie verliebt waren und ihn oder sie ausgewählt haben. In jedem Fall aber führen solche Angriffe Ihre Beziehung in die Sackgasse. Tödlich werden Festschreibungen des Partners, wenn sie vor Publikum geschehen (das können auch die eigenen Kinder sein). Sie beschämen Ihren Partner nicht nur. Sie stellen ihn in der Öffentlichkeit bloß. Das ist schwer wieder gutzumachen und oft der Beginn von Trennung.

Wirksame Waffen sind: den Partner benutzen, ihn beschäftigen, ihn ausbeuten, immer wieder Dinge vergessen, Beschwichtigungen oder Ausflüchte (er)finden. Als Psychoterror wird erlebt: Liebesentzug, tage- oder wochenlanges Schweigen, Schuldgefühle machen, Schuld zuweisen, beschämen, bloßstellen, Spott, Verachtung, Ironie oder Sarkasmus. Mafia-Techniken sind in Liebesbeziehungen weit verbreitet: überfallen, bestechen, erpressen, drohen (z.B. mit dem Entzug von Geld, der Liebe der Kinder, mit Trennung oder Selbstmord). So etwas beginnt häufig scheinbar harmlos mit Schmeicheln, Verführen und leeren Versprechungen.

> Liebespartner, die zu Waffen greifen, kommen zu kurz.

Was können Sie tun? Entweder Sie verachten und verletzen sich weiter und fahren Ihre Beziehung ein Stück mehr in die

Sackgasse. Oder Sie suchen einen Ausweg. Der allererste Schritt dazu wäre ein »Stopp, Waffen beiseitelegen!« Sie haben die Wahl.

> Übung: Meine Lieblingswaffe
>
> ● Überlegen Sie: Wenn Sie sich von Ihrem Partner/Ihrer Partnerin angegriffen oder ungerecht behandelt fühlen – welche Waffe setzen Sie ein, um sich zu verteidigen? Was möchten Sie mit Ihrer Waffe erreichen? Gibt es andere Schritte, dem gleichen Ziel näherzukommen?
> ● Teilen Sie sich Ihre Einfälle mit (vorausgesetzt, der andere ist dazu bereit), aber
> ● diskutieren Sie nicht darüber (jedenfalls heute nicht).

Gewalt ist das Gegenteil von Liebe
Gewalt verstehen

Gewalt geschieht am häufigsten dort, wo Menschen in engen Bindungen und intensiven Beziehungen zueinander leben. Je näher sich Menschen stehen, desto größer ist das Potential für Konflikte, Missverständnisse, Enttäuschungen und Gewalt.

> Gewalt passiert nicht da, wo Partner nichts mehr voneinander wissen wollen, sondern dort, wo sie zu viel voneinander wollen.

Gewalt bedeutet: Spannungen werden unerträglich. Gefühle explodieren. Probleme haben sich derart angehäuft und zugespitzt, dass kein vernünftiger Ausweg mehr offenzustehen scheint. Verstand und Kontrolle setzen aus. Der kühle Kopf geht unter im kochenden Bad heißer Gefühle. Grenzen werden überschritten.

> Gewalt kann dramatische Folgen haben:

Schwerste körperliche Verletzungen, tiefste seelische Trau-
mata und Schädigungen, die unheilbare Zerstörung von Beziehungen. Gewalt verursacht Schäden, die Wochen, Monate
oder Jahre brauchen, um zu heilen oder zu vernarben. Gewalt
kann Opfer und auch Täter ein Leben lang beeinträchtigen
und prägen. Bisweilen sind Generationen nötig, um die Scha-
densspuren von Gewalt zu verwischen.

Gewalt ist ansteckend. Gewalt lässt niemanden kalt. Ge-
waltatmosphäre breitet sich blitzschnell aus, ergreift auch Un-
beteiligte und erfüllt sie mit heftigsten Gefühlen (Empörung,
Wut, Angst) oder mit eigener Gewaltbereitschaft.

Es gibt *verschiedene Stufen von Gewalt.* Um das Ausmaß
an Gefährdung einzuschätzen, lassen sich – wie bei Verbrennungen der Haut – drei Schweregrade unterscheiden.

Gewalt ersten Grades: hin und wieder feindliche Worte
bzw. Gesten oder ein leichter körperlicher Übergriff, von einem oder beiden Partnern;

Gewalt zweiten Grades: regelmäßig feindliche Worte bzw.
Gesten oder ernsthafte körperliche Angriffe, von einem oder
beiden Partnern;

Gewalt dritten Grades: häufig verletzende Streits und/oder
Angriffe mit körperlichen Verletzungen, von einem oder beiden Partnern.

Gewalt ersten Grades ist gefährlich. Gewalt zweiten Grades
ist bedrohlich. Gewalt dritten Grades ist häufig tödlich, für
die Beziehung, für die Beteiligten oder ihre Kinder.

Es gibt aktive und passive Gewalt. Aktive Gewalt ist auf
den ersten Blick erkennbar: Ein Erwachsener oder Kind wird
körperlich, mit Worten, durch Blicke oder Haltung bedroht,
verletzt, misshandelt, vernichtet. Passive Gewalt geschieht
weniger offensichtlich, richtet jedoch nicht weniger Schaden
an. Sie äußert sich in stillschweigender Verachtung, Kälte,
Liebesentzug oder Vorwurfshaltung, in Rückzug oder Auflau-
fenlassen, in der Verweigerung von Kontakt oder der Befriedigung anderer lebenswichtiger Bedürfnisse, im Erzeugen von
Schuldgefühlen oder dem Einnehmen der Opferposition.

Partner, die Gewalt anwenden, fühlen sich ohnmächtig
und sind hilflos.

Sie können ihre Affekte und ihr Verhalten nicht beherrschen.
Sie überfahren Grenzen. Ihnen fehlt die Sprache für heftige
Gefühle. Sie können sich dem anderen nicht rechtzeitig und
angemessen verständlich machen. Sie sind außerstande, Konflikte befriedigend zu lösen.

Übung: Das Gewalt-Thermometer benutzen

- Überlegen Sie: Kommt es in Ihrer Partnerbeziehung gelegentlich zu Gewalt?
  Welche Stufe: ersten, zweiten oder dritten Grades?
  Was unternehmen Sie Ihrerseits, um die Gewalt wirksam
  zu stoppen?

Gewalt ist der Tod von Liebe
Gewalt beenden

Bedrohliche Gewalt kommt nicht aus heiterem Himmel. Gewalt ist das Ende eines Weges. Fast immer gibt es zuvor Hinweise, die anzeigen: Etwas stimmt nicht. Die Partner jedoch nehmen diese Signale meistens nicht ernst. Oder sie reagieren zu spät. Besonders gefährlich wird es für Sie und Ihren Partner, wenn Sie beide das *Gewaltkarussell* bestiegen haben. Das sieht zum Beispiel folgendermaßen aus:

1. Unerträglicher Druck hat sich angestaut. Jetzt entlädt er sich. Die Vernunft ertrinkt in einem Strudel von Frust, Wut, Ohnmacht, Angst. Die Selbstkontrolle setzt aus (vor allem unter Alkoholeinfluss). Ergebnis: Er schlägt sie mit den Händen. Oder sie schlägt ihn mit Worten, indem sie etwa sagt: »Du Versager!« Oder beide prügeln sich. Bisweilen schafft das Erleichterung – aber nur für kurze Zeit.
2. Der Täter hält inne und erschrickt. Die Selbstkontrolle setzt wieder ein.
3. Schuldgefühle und Reue melden sich. Der Täter entschuldigt sich: »Das habe ich nicht gewollt!«, verspricht hoch und heilig: »Das kommt nie mehr vor!!«, bettelt um Verzeihen oder versucht, mit Blumen oder einem Geschenk Wiedergutmachung zu erkaufen.
4. Es folgt vielleicht eine Phase von Nähe und Harmonie. Beide leben in der Hoffnung und Illusion: »So ist unsere Beziehung in Wirklichkeit.«
5. Nach einer Weile lässt die positive Atmosphäre nach, denn der Grundkonflikt ist ungelöst. Intimität und Harmonie pur sind auf Dauer auch anstrengend.
6. Erneut treten Spannungen auf. Enttäuschungen, Ärger, Missverständnisse häufen sich.
7. Ein unbedachtes Wort, ein falsches Verhalten ist der Funke, der einen neuen Gewaltausbruch entzündet.

Haben Sie diese Spirale der Gewalt in Ihrer jetzigen Beziehung schon einmal erlebt? Dann brauchen Sie dringend fachliche Hilfe!

> Gewalt bedroht Ihre Beziehung wie eine Krebserkrankung Ihren Körper.

Würden Sie sich im Falle eines Herzinfarkts oder einer Krebserkrankung selbst behandeln? In manchen Beziehungen ist nur einer der Partner aktiv gewalttätig, der andere bleibt passiv, nimmt die Übergriffe hin oder wehrt sich nicht. In anderen Beziehungen greifen beide Partner zu Gewalt, mit Worten oder mit Händen. In welcher Art von Beziehung Sie auch leben, beachten Sie folgende Regeln:

> Beenden Sie den Teufelskreis der Gewalt.
> Steigen Sie ab vom Täter-Opfer-Karussell.
>
> Schauen Sie nicht weg – die Lage ist ernster, als Sie es wahrhaben möchten.
>
> Halten Sie die Kinder raus.
>
> Wehren Sie den Anfängen. Ein kleiner Funke, der nicht gleich gelöscht wird, kann irreparablen Schaden anrichten.
>
> Gießen Sie kein Öl ins Feuer. Das verschafft nur sehr kurzfristige Befriedigung.
>
> Schweigen Sie nicht. Reden Sie mit Ihrem Partner.

Halten Sie sich dabei an die Regeln in den Kapiteln 5, 7 und 8. Wenn Sie mit Ihrem Partner nicht reden können:

> Holen Sie sich Hilfe. Sofort. Nicht erst, wenn es zu spät ist.

Übung: Fachliche Hilfe suchen

● Überlegen Sie: Bewegt sich Ihre Beziehung gelegentlich im oben beschriebenen Kreislauf? Wenn ja: welche wirksamen Schritte haben Sie in den letzten vierzehn Tagen unternommen, um sich von einer beraterisch-therapeutischen Fachkraft oder Einrichtung helfen zu lassen?

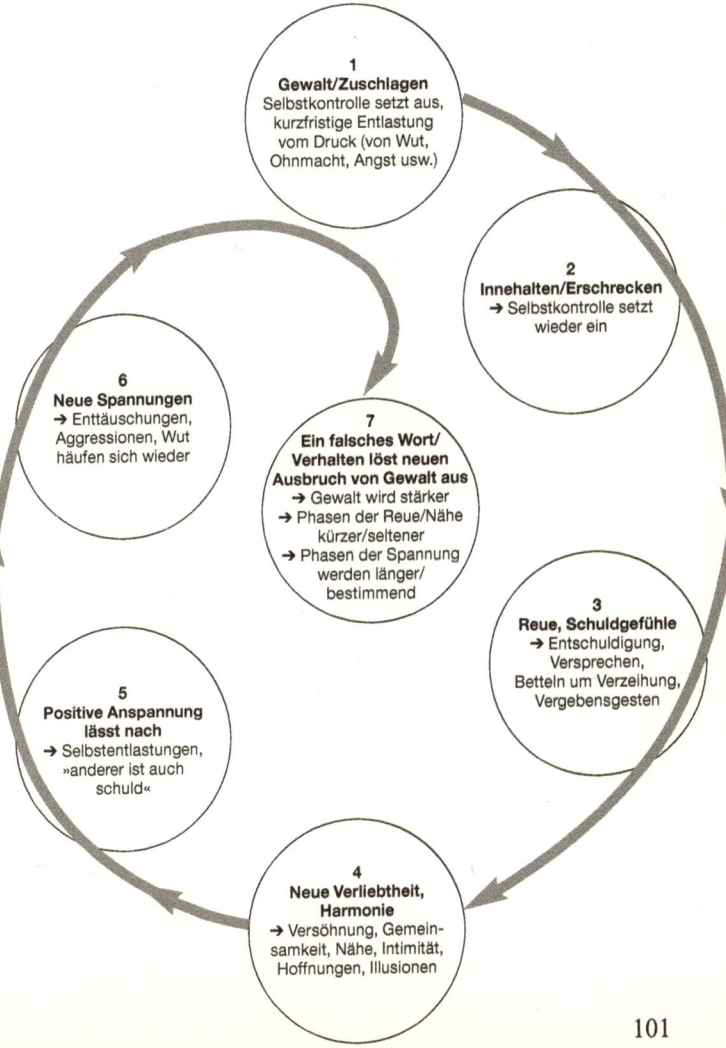

1
Gewalt/Zuschlagen
Selbstkontrolle setzt aus, kurzfristige Entlastung vom Druck (von Wut, Ohnmacht, Angst usw.)

2
Innehalten/Erschrecken
→ Selbstkontrolle setzt wieder ein

3
Reue, Schuldgefühle
→ Entschuldigung, Versprechen, Betteln um Verzeihung, Vergebensgesten

4
Neue Verliebtheit, Harmonie
→ Versöhnung, Gemeinsamkeit, Nähe, Intimität, Hoffnungen, Illusionen

5
Positive Anspannung lässt nach
→ Selbstentlastungen, »anderer ist auch schuld«

6
Neue Spannungen
→ Enttäuschungen, Aggressionen, Wut häufen sich wieder

7
Ein falsches Wort/ Verhalten löst neuen Ausbruch von Gewalt aus
→ Gewalt wird stärker
→ Phasen der Reue/Nähe kürzer/seltener
→ Phasen der Spannung werden länger/ bestimmend

101

Regel 6:
Lerne Missverständnis-Management

Erst einmal rückfragen: »Was hast du gemeint?«

Missverständnis-Management ist die Hohe Schule der Beziehungskunst. Wie Formel 1 bei Autorennen oder die Champions League beim Fußball. Verteufelt schwer, zugleich aber eine Super-Strategie. Miss*verständ*nis-Management hat mit dem Verstand zu tun und mit Verstehen:

> Sie bewahren einen kühlen Kopf, bevor Sie reagieren.

Allzu häufig schlagen Partner zurück, bevor sie überhaupt wissen, was der andere genau will. Statt sich zu vergewissern: »Was hast du gesagt?« oder zu fragen: »Warum sagst du das in diesem Ton?«, beziehen sie schon Stellung – und zwar dagegen.

> Die Grundregel des Missverständnis-Managements lautet: Stellen Sie erst einmal sicher, dass Sie Ihren Partner auch richtig verstanden haben.

Sie sagen zum Beispiel: »Moment! Ich kann dir nicht gut zuhören. Du hast gesagt: ... Habe ich dich richtig verstanden?«

Ich höre Sie schon protestieren: »Das klingt aber künstlich!« Oder: »Wenn ich wütend bin, dann bin ich wütend und kann nicht so vernünftig reagieren!« Und Sie haben völlig Recht. Trotzdem: Erst einmal verstehen wollen, was Ihr Partner sagen *will* (nicht nur, was er sagt), bevor Sie kontern, bleibt eine Super-Strategie, mit vier Vorteilen:

1. Sie wenden sich Ihrem Partner zu. Sie schenken ihm Ihre Aufmerksamkeit. Missverständnisse sind besonders häufig, wenn einer oder beide das Gefühl haben: Der andere hat kein Interesse an mir, er beachtet mich überhaupt nicht.
2. Sie hören den Partner an. Menschen werden oftmals dann scharf und heftig, wenn sie den Eindruck haben: Der andere hört mir nicht zu; er versteht mich nicht.
3. Ihre Rückfrage gibt Ihrem Partner die Gelegenheit, seine Aussage zu überprüfen oder seinen Tonfall zu ändern. Wenn *Sie* erwachsen reagieren, kann er oder sie das auch – und sich vielleicht korrigieren oder entschuldigen. Manchmal entspannt sich die Atmosphäre dann ganz schnell.
4. Sie vermeiden Streit und sparen eine Menge Zeit für Dinge, die Ihnen noch mehr bringen, als sich zu streiten. Darum:

> Fragen Sie zurück, bevor Sie sich ärgern. Sie ersparen sich viel Ärger.

Im Übrigen gehört wiederholen, was der andere gesagt hat, bevor man entgegnet, zu den »Pflichtübungen«, wenn Paare in Kommunikationstrainings lernen, konstruktiv miteinander zu reden. Auch Paarberater oder Paartherapeuten verwenden diese Technik gern. Sie selber werden überrascht sein, wenn Sie dieses Vorgehen ein paar Mal erfolgreich angewandt haben, wie wirksam es ist, und es gar nicht mehr so künstlich finden.

Übung: Sich vergewissern:
Habe ich meinen Partner genau verstanden?

Ihr Partner macht Ihnen einen Vorwurf. Sie reagieren nicht dagegen. Sie bleiben cool und fragen zurück: Was möchtest du von mir?

Die gefährlichen Wörtchen »aber« und »warum«

Bisweilen spielt uns unser Gehirn einen Streich. Es verkürzt unsere Wahrnehmung auf das Prinzip »Wer nicht für mich ist, der ist gegen mich«. Dann gibt es nur noch Schwarz *oder* Weiß, freundlich *oder* feindlich, positiv *oder* negativ. Besonders wenn wir unter Zeitdruck sind. Oder wenn die kleine Abteilung »Vernunft« in unserem Kopf von heftigen Affekten und heißen Gefühlen überrannt wird. Das kann zu tiefgreifenden Missverständnissen führen. Denn die Wirklichkeit ist anders. Komplizierter. Sie ist nicht selten schwarz *und* weiß. Menschen, die uns nahe stehen, sehen uns positiv *und* negativ. Wir wünschen, dass sie eindeutig reagieren, sind aber selber oft ambivalent, hin und her gerissen zwischen gegensätzlichen Impulsen, Sehnsucht und Enttäuschung, Ärger und Zuneigung. »Zwei Seelen wohnen, ach! in meiner Brust«, klagt schon Goethes Faust.

> Menschen können mehrere Gefühle gleichzeitig haben. Auch gegensätzliche.

Wo Liebe ist, kann auch Hass wohnen. Wer einen anderen ablehnt, kann sich trotzdem zu ihm hingezogen fühlen. Eine Mutter, die ihre dreijährige Tochter scharf zurechtweist, weil diese immer wieder auf die Fahrbahn der vielbefahrenen Straße laufen will, hört nicht auf, ihre Tochter zu lieben. Ein Vater, der wütend ist, weil sein Sohn beim verbotenen Fußballspiel im Wohnzimmer die wertvolle Vase, das Hochzeitsgeschenk der besten Freunde, zertrümmert hat, mag seinen Sohn, auch wenn er ihn ausschimpft.

> Menschen sind grundsätzlich ambivalent. Auch Ihr Partner und Sie selbst.

Das ist nicht immer gleich zu erkennen. Denn eine heftige Reaktion kann andere Gefühle, die nicht so im Vordergrund stehen, verdecken. Hinzu kommt, dass in unserer Kultur wenig geübt wird, Ambivalenzen angemessen auszudrücken. Sie sagen Ihrem oder Ihrer Liebsten nicht: »Ich liebe dich und ich bin sauer auf dich!« Obwohl das am ehrlichsten wäre. Und oft auch am zutreffendsten.

Entweder Sie vergessen den ersten Teil des Satzes. Dann hat Ihr Partner den Eindruck: Sie sind nur noch sauer auf ihn und lieben ihn nicht mehr. Ober Sie »abern«: »Ich gehe gerne mit zu deinen Eltern, aber müssen wir jeden Sonntag bei ihnen Mittag essen?« »Ich gehe liebend gerne mit dir aus, aber muss es immer so lange dauern, bis du dich fertig gemacht hast?« »Du bist eine wunderbare Mutter/ein wunderbarer Vater, aber ...« Mit dem »aber« streichen Sie die wunderbare Mutter bzw. den wunderbaren Vater wieder durch.

Oder Sie stellen diese idiotischen Warum-Fragen. Warum bist du so unpünktlich? Warum bist du so pingelig? Warum lässt du deine ... immer herumliegen? Warum musst du immer so lange telefonieren? Warum kann ich mich nicht auf dich verlassen? Derartige Warum-Fragen sind genauso sinnvoll, wie wenn Sie Ihre vierjährige Tochter fragen: »Warum hast du den Teller fallen lassen?!«

Sie erleichtern sich das Leben, wenn Sie auf überflüssige Warum-Fragen verzichten und sich angewöhnen, »aber« durch »und« oder »und zugleich« zu ersetzen, selbst wenn es am Anfang etwas merkwürdig klingt.

»Ich liebe dich *und* ich bin sauer auf dich!« »Was denn nun?« »Beides, mein Schatz!«

Übung: »Aber« weglassen

Versuchen Sie, in der kommenden Woche Ihre »aber« durch ein »und zugleich« zu ersetzen. Wenn Sie es drei Mal schaffen, dann ist das toll.

Der andere will nicht? Nein, er kann nicht.

Wie oft habe ich es in Gesprächen mit Paaren erlebt: Partner A – nehmen wir einmal an, es ist die Frau – legt los: »Ich möchte gerne, dass du …« Ich unterbreche und frage den Mann: »Was wird Ihre Frau jetzt sagen?« Und er antwortet: »Sie will mit mir über unsere Beziehung reden« und blickt zu Boden. Fassungslos starrt die Frau ihn an: »Wenn du es so genau weißt, warum tust du es dann nicht? Seit einer Ewigkeit...« und so weiter. Ja, warum tut er es nicht? Partner B weiß in der Regel genau, was sich Partner A sehnlichst wünscht. Partner A denkt: »Das ist doch ganz einfach!«

> »Das ist doch ganz einfach!!« ist ein schrecklicher Satz in Paarbeziehungen.

Was Partner A nicht weiß: Was für A einfach ist, ist es für B noch lange nicht. B ist auch nicht imstande das mitzuteilen, denn B weiß es selber nicht. So unterstellt A dem anderen böse Absichten: B tue es nicht, weil B nicht wolle, keine Lust habe. Oder weil B mich angeblich nicht mehr liebt. Was viele Paare nicht verstehen und was dann zur Quelle endloser Missverständnisse werden kann:

> Es ist meist kein böser Wille, wenn einer der Partner dem anderen einen oft genannten Wunsch nicht erfüllt.
> Was der eine vom anderen erwartet, ist für den, der es wünscht, leicht, für den anderen jedoch das Schwerste, was man von ihm verlangen kann.
> Das Schwierigste ist am schwierigsten zu ändern.

Bleiben wir bei dem Thema: über die Beziehung reden. Da sind Männer und Frauen oft extrem unterschiedlich gestrickt. (Siehe hierzu auch S. 45 ff.) Das führt nicht selten zu einem typischen Konflikt.

> Männer haben keine Probleme, Männer lösen Probleme. Das ist das Problem.

> Frauen brauchen Reden. Reden löst nicht immer
> Probleme, aber es kann erleichtern. Und Reden schafft
> Kontakt.

Viele Frauen möchten einen modernen Mann. Das ist jemand, der über seine Gefühle und die Beziehung reden kann. Zugleich erwarten sie allerdings nach wie vor, dass er in der Lage ist, Probleme zu lösen. Bräche im Kinderzimmer ein Feuer aus und käme der Mann dann an, um über seine Gefühle zu reden: »Oh, das Feuer macht mir Angst«, so würde sie ihn anfauchen: »Tu was!« Frauen haben oft mehr Übung darin, unlösbare Situationen auszuhalten. Hat eines der Kinder Kummer oder bekommt einen Zahn und hat Schmerzen, dann ist das erst einmal nicht zu ändern. Vielleicht ist das Einzige, was die Mutter tun kann, trösten und gut zureden.

Traditionell werden Männer in unserer Gesellschaft so erzogen, dass sie nach Auswegen suchen. Kommt die Frau mit einem Beziehungsproblem, so mag er wohl wissen: Sie möchte nur mit mir reden. In seinem Inneren springt, während sie redet, ganz automatisch eine Suchmaschine an, die nach praktischen Lösungen fahndet. Bloß reden und nicht zugleich überlegen, wie die Aufgabe angepackt werden könnte, ist für viele Männer fast unerträglich. Da sie aber spüren, dass die Partnerin keine Lösungsvorschläge will, sondern nur sein Ohr, suchen viele Männer Gespräche grundsätzlich zu vermeiden. Denn auf Gespräche sind sie nicht vorbereitet. Da fühlen sie sich unterlegen. Wer geht schon freiwillig in eine Situation hinein, in der er verlieren wird? Wer ist schon gerne ein »Loser«?

Übung: Für mich leicht – für dich schwer

- *Finden Sie* einen Wunsch an Ihren Partner, von dem Sie denken: Der wäre doch ganz leicht zu erfüllen, den Ihr Partner Ihnen jedoch nicht oder nur selten erfüllt.
- *Überlegen Sie:* Was macht es für meinen Partner so schwer, auf diesen meinen Wunsch einzugehen?

Falls Sie keine Antwort finden,
- *fragen Sie* Ihren Partner, ob er Ihnen helfen kann (maximal zwanzig Minuten).

Versuchen Sie ihn zu verstehen. Bewerten Sie ihn nicht.

Was meint Ihr Partner, wenn er von Trennung spricht?

Wenn alles nichts mehr hilft, wenn alle Möglichkeiten erschöpft zu sein scheinen, den Partner zu erreichen, wenn beide total erschöpft sind und resigniert, dann kann es so aussehen, als gäbe es nur noch einen Ausweg: Wir müssen uns trennen. Es fragt sich nur: wovon? Es ist dies eines der folgenreichsten (und teuersten) Missverständnisse in unserem Land. Viele Paare trennen sich zu früh, denn:

> Viele Paare verwechseln »Trennung von einem unerträglichen Zustand« mit »Trennung vom Partner«.

Taucht in einem der Partner der Wunsch auf: »Ich will mich trennen«, so ist das erst einmal ein rotes Warnlicht, das aufleuchtet. Es heißt: »So geht es nicht weiter. Ich bekomme nicht, was ich brauche. Ich komme zu kurz.« Dieser Impuls ist meistens berechtigt und eher gesund. Denn der Sinn einer Liebesbeziehung besteht sicher nicht darin, unglücklich zu sein, sondern zufrieden und vielleicht sogar glücklich. Das Paar muss sich also tatsächlich trennen von

- Ärger, Wut, Groll und den vielen kleinen und großen Enttäuschungen, die sich im Lauf der Zeit zwischen ihnen angesammelt haben;
- Kälte, Unachtsamkeit, Eintönigkeit oder Schweigen, die sich eingestellt haben;
- davon, dass sie keine Zeit mehr füreinander finden;
- dass sie nicht mehr aufeinander hören, sondern sich nur noch überreden oder anschreien;

● dass sie sich nicht mehr geben können, was sie sich einst versprochen haben.

Das alles heißt aber nicht unbedingt, dass ich mich von meinem Partner trennen muss. Meistens gilt:

> Nicht der Partner hat sich geändert, sondern die Atmosphäre *zwischen* den Partnern.

Vielleicht müssen die Partner auch Abschied nehmen von falschen Vorstellungen von der Person des anderen oder von dem, was eine Liebesbeziehung ist, zum Beispiel von der Idee,

● eine Partnerbeziehung brauche man nicht zu pflegen,
● das Leben zu zweit sei möglich in ewiger Harmonie,
● man könne sich permanent streiten, ohne sich zu verletzen,
● Partnerschaft sei ein Selbstbedienungsladen, der immer liefert, was jeder braucht.

Vielleicht müssen die Partner auch einfach nur die Vergnügungssteuer für das bezahlen, was sie an ihrem Schatz schätzen oder zumindest einmal geschätzt haben. (Zu Vergnügungssteuer siehe S. 180.)

Taucht in Ihrer Partnerschaft der Gedanke an Trennung auf, dann ist das ein Signal, das Sie ernst nehmen sollten. Es zeigt an: Ihrer Beziehung fehlt etwas. Sprechen Sie mit Ihrem Partner. Es ist wie bei einer Krebserkrankung. Wenn Sie sofort etwas tun, besteht gute Aussicht, dass Sie die Krise überwinden und sich wieder finden. Wenn Sie zu lange warten, kann es zu spät sein. Wenn Sie allein nicht weiterkommen, scheuen Sie sich nicht, fachliche Hilfe in Anspruch zu nehmen. Bei Zahnschmerzen oder einem Herzinfarkt wenden Sie sich ja auch an einen Arzt.

Übung: Trennungsgedanken verstehen

- Überlegen Sie: Habe ich Trennungsgedanken? Habe ich schon einmal an Trennung gedacht? Hat mein Partner von Trennung gesprochen?
- Finden Sie heraus: Seit wann ist das so bzw. wann war das? Gibt es oder gab es bestimmte Umstände in unserer Beziehung, die der Auslöser für Trennungsgedanken sein könnten? Was fehlt mir in unserer Beziehung?
- Reden Sie darüber mit Ihrem Partner. Beachten Sie dabei die Regeln des Ärger-Managements (siehe unten Kapitel 7).

Regel 7:
Lerne Ärger-Management

Ärger ist Lebensenergie

Lustprinzip nennt Sigmund Freud den seelischen Mechanismus, der bei uns Menschen automatisch dafür sorgt, dass wir Unlustempfinden am liebsten ganz schnell wegpacken, besser noch: gar nicht erst aufkommen lassen. Offenbar sehnt sich unser ganzes Wesen nach Wohlfühl- und anderen Lustempfindungen. Warum aber ärgern wir uns dann so oft? Und warum ärgern wir uns so leicht?

Der Ärger geht möglicherweise schon im Mutterleib los, spätestens jedoch in der Wiege. Friedlich schläft der Säugling in seinem Bettchen, atmet ruhig und entspannt. Zehn Minuten später herrscht großes Geschrei, und wenn Mutterbrust oder Fläschchen nicht gleich angerannt kommen, lässt sich das kleine Wesen kaum noch beruhigen. Als ginge die Welt unter. Wut und Ärger in der Stimme sind unüberhörbar.

Der Bruder, drei bis vier Jahre alt, sitzt vor seinem Steckbaukasten und müht sich, ein kompliziertes Gebäude zu errichten. Unablässig steckt er zwei Teile ineinander, die sich partout nicht ineinanderstecken lassen wollen. Immer hektischer werden die Bewegungen, immer röter das Gesicht. Bis schließlich eine kleine Faust das ganze Werk voll Wut zerschlägt. Die Steine spritzen in alle Richtungen. Der kleine Künstler wälzt sich schreiend auf dem Fußboden und lässt sich kaum beruhigen.

Vor seinem Laptop sitzt der Vater. Starr stiert er auf den Bildschirm. Nervös klopfen die Finger auf die Tischplatte, hektisch klickt die Maus. Nichts läuft, wie es soll. Internet-Verbindung abgebrochen, Dokument verschwunden, keine

Möglichkeit, die Verbindung wiederherzustellen, eine Stunde Arbeit für die Katz'. Er schimpft, er flucht, er schreit, er kann sich kaum beruhigen. Ein Glück, dass jetzt niemand ins Zimmer kommt.

Beide sind bereit zum Ausgehen. »Fahr schon mal den Wagen aus der Garage«, sagt sie. »Ich schau gerade noch mal in den Spiegel. Ich komme sofort.« Als sie das Badezimmer verlassen will, klickt es im Türschloss – die Tür geht nicht auf. Noch einmal drückt sie die Klinke – nichts. »Das kann doch nicht wahr sein!« Genervt drückt sie ein Mal, zwei Mal, mehrfach – die Tür bleibt zu. Sie rüttelt heftiger – nichts. »Ganz cool bleiben! Nicht nervös werden!«, sagt sie sich. Aber sie bleibt eingesperrt. »Diese blöde Tür! Welcher Idiot hat die eingebaut! Ich wollte schon damals eine andere! Aber dieser bekloppte Architekt hat auf dieser italienischen Marke bestanden! Was kann man von Italienern schon erwarten!« Usw. Sie klopft. Sie ruft. Sie schreit. »Warum hört er mich nicht? Warum kommt er nicht?! Steht jetzt vor dem Auto und hat mich vergessen!! Kann sich doch denken, was passiert ist!« Mit den Handflächen schlägt sie auf die Tür, bis es schmerzt. »Hört mich den keiner? Ich will durch diese Tür durch – soll ich hier ewig stecken bleiben? Soll ich hier verhungern?!« – Als er nach fünfzehn Minuten die Tür von außen öffnet, bekommt er kein dankbares »Schön, dass du mich befreist!« zu hören, sondern eine fast mörderische Wut und Vorwürfe: »Hast du mich nicht gehört?! Warum bis du nicht eher gekommen?!«

Ärger – was ist das? Ärger ist geballter Überlebenswille. Kraft aus der Tiefe unseres Seins. Ärger, das ist ein elementarer Impuls, der Hindernisse zu überwinden sucht, jedoch nicht zum Ziele kommt, der aufgehalten, abgebremst, abgeblockt wird. Unser Organismus bekommt nicht, was er braucht oder möchte. Wir erreichen nicht, was wir erreichen wollen. Etwas ist ungerecht. Etwas ist nicht so, wie wir es uns vorstellen. Diese Ohnmacht macht uns rasend.

> Ärger ist Frustration, jede Menge frustrierte
> Lebensenergie.

> Das Ausmaß des Ärgers ist meist viel größer als sein
> Grund oder Anlass.
> Ärger ist häufig grenzenlos, ansteckend und inflationär.

Ärger breitet sich blitzschnell aus. Mit einem Schlag setzt er
unsere Schaltzentrale, die Vernunft, außer Kraft. Widersetzt
sich die Vernunft dem Ärger, so wird sie erst einmal ärgerlich
überfahren. Denn Ärger überschreitet liebend gerne Grenzen:
Ihr Ärger steckt andere an; der Ärger anderer steckt Sie an.
Wenn uns Ärger überwältigt, werden wir leicht dumm und ungerecht. Wie in der Badezimmerszene oben geben wir erst der
Türklinke die Schuld, dann der Tür, der Baufirma, dem Archi-
tekten, dem Herstellerland und seinen Bewohnern, allen Menschen, die uns gerade über den Weg laufen, schließlich Gott
und der Welt.

Ärger – das ist wie ein voll aufgedrehter Wasserschlauch
im Garten, den man vorne zuhält: Das Wasser spritzt auf alles,
nach allen Seiten. Es will einfach raus.

Weil in Ärger so viel – destruktive, mörderische – Energie
stecken kann, verdient er gerade in Paarbeziehungen beson-
dere Aufmerksamkeit.

Übung: Überprüfen Sie Ihre Neigung zu Ärger-Inflation

- Erinnern Sie sich: Wann waren Sie das letzte Mal so
  richtig wütend und sauer?
- Machen Sie eine Liste: Wem oder was haben Sie damals
  – ausgesprochen oder unausgesprochen – alles die
  Schuld gegeben?
- Wenn Sie und Ihr Partner gerne lachen: Finden Sie eine
  entspannte Minute und lesen Sie Ihrem Partner Ihre
  Liste vor.

Beziehungsärger ist unvermeidlich

Wo Menschen nahe zusammenleben, stoßen sie sich hin und wieder. Mit Ihrem Partner/Ihrer Partnerin leben Sie besonders eng zusammen. Darum lässt es sich nicht vermeiden, dass Sie sich gerade über ihn oder sie auch ärgern. Vielleicht sogar öfter als über andere Menschen. Der Alltag ist bisweilen hektisch. Da können Sie den Erwartungen des anderen nicht immer gerecht werden. Groß ist der Ärger natürlich, wenn Sie Wünsche Ihres Partners nicht beachten, die Sie genau kennen. Mindestens ebenso häufig jedoch kommt es zu Stunk, weil Sie etwas für selbstverständlich halten. (Siehe hierzu auch S. 47 ff.) Oder weil Sie Vorstellungen des Partners nicht entsprechen, von denen Sie gar nichts wissen. Etwa weil Sie andere Vorstellungen haben. Weil Sie anders aufgewachsen sind. Weil Sie aus einer anderen Kultur stammen. Oder weil Sie beide sich für denselben Bereich zuständig fühlen. Gleichberechtigte Partner mit Verantwortungsbewusstsein kommen sich besonders leicht in die Quere.

Beide Eltern kümmern sich um die Kinder. Sie hat bestimmte Erziehungsvorstellungen, er auch. Nur andere. – Beiden Partnern liegt daran, die Übersicht über die Bankkonten zu behalten. Er heftet die Belege immer gleich ab, sie wartet, bis sich mehrere angesammelt haben, und ordnet dann alles zusammen ein. In ihrer Ordnung findet er nichts. – Sie räumt das schmutzige Geschirr abends immer noch in die Spülmaschine, weil sie am Morgen gleich loslegen will; er indessen lässt Geschirr abends stehen. – Weil er am Wochenende nicht stundenlang ziellos durch den Supermarkt irren will, macht er sich vorher immer einen Einkaufszettel. Sie meint, das ist sinnlos: »Du weißt doch gar nicht, was für Sonderangebote es gibt!«

Es gibt unendlich viele Anlässe, sich zu ärgern. Darum noch einmal: Ärger und Missmut in engen Beziehungen sind normal. Das mögen die nicht so gerne hören, die sich in ihrer Liebesbeziehung nach dauernder Harmonie sehnen. Es ist aber so. Aufgrund meiner Erfahrung mit Paaren würde ich eher sagen: Dauerharmonie ist nicht normal. Sie kann auf

Dauer ja auch ziemlich langweilig werden. Es hat wenig Sinn zu beschließen: »Ich ärgere mich nicht mehr!«

> Ärger ist eine Empfindung.
> Empfindungen sind zunächst einmal weder positiv noch negativ. Sie sind einfach da.

Das hat mit unserem Gehirn und unserem Nervensystem zu tun und damit, wie beides sich entwickelt hat. Unser Gehirn besteht aus verschiedenen Teilen, die sich im Verlauf der Menschheitsgeschichte teils früher, teils später herausgebildet haben. Für Eindrücke und Empfindungen sind die älteren Anteile unseres Gehirns zuständig (man hat sie eine Zeit lang auch als »Reptilienhirn« bezeichnet). Die Hirnsphären, in denen sich Fühlen und Denken bemerkbar machen, sind jüngeren Entwicklungsdatums. Darum gilt:

> Wir sind nicht die Autoren unserer Eindrücke und Empfindungen. Wir sind ihre Beobachter.

Sie *machen* nicht, dass Sie frieren, nach frischer Luft verlangen, Schmerz empfinden, Durst haben oder Hunger oder den Eindruck, es trete Ihnen jemand zu nahe. Ihr Organismus produziert diese Empfindungen. Die steigen dann in Ihnen auf und melden sich Ihrem Bewusstsein. Erst dann werden sie Ihnen zugänglich, erst dann *haben* Sie sie. Ähnliches gilt für Angst, Freude, Trauer, Wut und Ekel, die fünf Basisempfindungen, die wir Menschen mit den Säugetieren teilen.

Sind Sie Ihren Empfindungen, sind Sie Ihrem Ärger dann hoffnungslos ausgeliefert? Ja und nein. Ja, weil Sie Ihren Ärger nicht einfach ausschalten können wie eine Lampe oder einen Fernseher. Nein, weil Sie wie jeder Mensch Vernunft und eine Sprache besitzen. Sie sind darum in der Lage, Ihren Empfindungen einen Namen zu geben und sie auf diese Weise zu Gefühlen zu machen, über die Sie nachdenken können. Sie sind in der Lage, zwischen Gefühlen und Verhalten zu unterscheiden. Ihre Vernunft kann Ihnen helfen zu überlegen und zu entscheiden, was Sie tun können und wollen, wenn Ihr Hirncomputer Ihnen heftige Ärgerreaktionen meldet.

Übung: Wann werde ich besonders schnell ärgerlich?

- Überlegen Sie: Worauf reagieren Sie besonders allergisch?
  Was könnten Sie selber tun, damit die kritische Situation eher so verläuft, wie Sie es sich wünschen?

Beziehungsärger kostet Energie

Ärger lässt sich nicht vermeiden. Okay. Wie aber können Sie ihn im Zaume halten? Wie können Sie Ärger wieder loswerden, wenn er sich nun mal angestaut hat? Das ist gar nicht so einfach, wie es zunächst ausschaut. Denn sind Sie – oder Sie beide – guter Laune, dann ist es fast schade, mit Ihrem Partner über Ärger zu reden: Sie laufen Gefahr, dass Sie sich die gute Stimmung vermiesen. Sind Sie hingegen so richtig ärgerlich, dann lohnt es erfahrungsgemäß nicht, damit auch nur anzufangen: Ihr Ärger platzt Ihnen aus den Rippen. Ihre Stimme wird laut, Ihr Gesicht verrät Wut. Ergebnis: Ihr Ärger springt auf den anderen über, lädt auch ihn mit Ärger auf, und dann steht Ärger gegen Ärger. Ihr Partner schlägt zurück oder verschließt sich – Sie sind jetzt nicht nur ärgerlich, sondern auch noch frustriert, weil Sie Ihren Ärger nicht losgeworden sind.

Viele Paare beschließen daher: Ärger gibt es nicht. Diese Strategie hört sich zunächst ganz klug an und scheint auch zu funktionieren, zumindest eine bestimmte Weile. Bisweilen glätten sich die Wogen ja wieder von selbst. Dann war es doch clever, aus einem kleinen Ärger kein großes Drama gemacht zu haben, oder? Langfristig allerdings stellt sich die Frage: Wenn Missmut, wie oben behauptet, unvermeidlich ist und sich auch nicht einfach abschalten lässt wie ein Elektrogerät – wo bleibt er? Wo geraten die Ärger-Energien hin, die der menschliche Organismus produziert, ob uns das nun gefällt oder nicht?

Manche Menschen schlagen um sich, wenn sie wütend sind, mit Worten oder mit den Händen. Das macht erfahrungsgemäß alles nur noch schlimmer. Andere fressen Ärger in sich hinein, sie richten die Wut-Energie also gegen sich selbst. Sie lähmen sich, verletzen sich, bekommen Magengeschwüre oder andere psychosomatische Beschwerden. Der Ärger äußert sich passiv-aggressiv als Resignation oder Verzweiflung, in depressiven Reaktionen bis hin zu Suizidversuch und Suizid. (Zu aktiver und passiver Gewalt siehe oben S. 97.)

In Liebesbeziehungen ist auch noch eine andere Strategie verbreitet. Jeder der Partner hat eine Art seelische Tiefkühltruhe. Dahinein lassen sich Groll, Vorwürfe und Verletzungen vorzüglich packen. Der Ärger ist dann erst einmal weg. Die Vorteile dieses Vorgehens liegen auf der Hand: Sie müssen sich in Ihrer Ambivalenz nicht entscheiden. Sie müssen sich nicht dazu durchringen, Ihren Partner mit Ihrem Ärger zu konfrontieren. Sie riskieren daher auch nicht, seine Zuwendung und Liebe zu verlieren. Der Friede scheint erst einmal gewahrt zu sein. Nur, Sie müssen für diese Strategie auch bezahlen. Denn Kränkungen, Wut oder Verzweiflung rumoren im unbewussten Untergrund weiter und fressen eine Menge Energie. Bei Bedarf lassen sie sich mittels einer Art seelischer Mikrowelle wieder aufwärmen und dem anderen unter die Nase reiben, selbst wenn die entsprechenden Ereignisse schon Jahrzehnte zurückliegen. (Zu *Tiefkühltruhe* und *Mikrowelle* siehe auch Seite 182 f.)

> In Ihrem Ärger steckt enorme Lebensenergie. Die sollten Sie nicht vergeuden oder destruktiv gegen sich selbst oder Ihren Partner richten.
> Sie sollten sie konstruktiv nutzen.

Darum empfehle ich Ihnen: Halten Sie sich an die folgenden 25 Tipps des Ärger-Managements. Die helfen Ihnen, sich auf erwachsene – das heißt: respektvolle – Weise von Ärger zu lösen.

Tipp 1: Ärger können Sie nicht immer vermeiden.
Aber lernen Sie Situationen zu vermeiden, die
unvermeidlich zu Ärger führen.

Übung: Welche Situationen führen bei uns
immer wieder zu Ärger?

- Überlegen Sie: Welche Situationen führen in unserer Partnerschaft immer wieder zu Ärger?
- Vergleichen Sie Ihre Einfälle mit denen Ihres Partners.
- Falls einer von Ihnen ärgerlich wird: Brechen Sie Ihr Gespräch sofort ab und vertagen Sie sich. Ansonsten
- Überlegen Sie gemeinsam: Welche Möglichkeiten gibt es, diese Situationen zu vermeiden oder anders zu gestalten?
- Probieren Sie je eine Idee von Ihnen beiden aus.
- Überprüfen Sie nach vierzehn Tagen die Ergebnisse und korrigieren Sie gegebenenfalls Ihre Entschlüsse.

Gleich kommt Papa

Ich gehe erst mal einen trinken

Ärger loswerden

Tipp 2: Überfallen Sie Ihren Partner nicht mit Ihrem Ärger.

Niemand lässt sich gerne überfallen, auch Ihr Partner nicht. Ein Überfall ist ein Angriff. Wenn Sie Ihren Partner angreifen, müssen Sie damit rechnen, dass er sich wehrt oder dicht macht. »Aber«, mögen Sie einwenden, »als wir verliebt waren, haben wir doch vereinbart, dass wir uns jederzeit gegenseitig das Herz ausschütten können!?« Das mag sein. Verwechseln Sie jedoch nicht »das Herz ausschütten« und »mit Ärger überschütten«. Wer verliebt ist, lässt den anderen – meist ohne groß darüber nachzudenken – teilhaben an seinen persönlichsten Gedanken und seinen wärmsten Gefühlen. Sie erlauben dem anderen den Zutritt zu Ihrem innersten Bereich, Ihrem Herzen – und Sie erwarten, dass das angenehm für Sie ist: Sie möchten erfahren, was Ihren Partner bewegt und was er oder sie positiv für Sie empfindet – *für* Sie, nicht *gegen* Sie. Ärger auf den Partner richtet sich aber *gegen* ihn. Darum seien Sie behutsam bei Ärger. Da gelten andere Regeln.

Tipp 3: Fragen Sie Ihren Partner, ob er bereit ist, Ihren Ärger anzuhören.

Das mag Ihnen künstlich vorkommen, sollte sich aber von selbst verstehen. Sie haben Ihrem Partner bzw. Ihrer Partnerin Liebe und Respekt versprochen. Wer gibt Ihnen das Recht, ihn oder sie mit etwas Unangenehmem zu überfallen? Er oder sie ist vielleicht gerade guter Laune und überhaupt nicht in der Stimmung, eine Kritik in Empfang zu nehmen. Oder der andere ist müde. Oder im Stress. Wenn seine Ohren nicht geöffnet sind, dann werden Sie Ihren Ärger auch nicht los und ärgern sich noch mehr. Klopfen Sie also zuvor beim Partner an. Sie könnten zum Beispiel fragen: »Bist du bereit, etwas von mir zu hören?« Oder Sie könnten sagen: »Ich möchte einen Ärger loswerden. Passt es dir jetzt?« Sagt Ihr Partner

»Ja«, unterbricht, was er gerade tut, und wendet sich Ihnen zu, dann

Tipp 4: Beginnen Sie Ihren Satz mit »Ich«, »Mich« oder »Mir«.

Auf diese Weise teilen Sie etwas von sich mit. Sie sagen, wie es Ihnen geht, statt gleich die Vorwurfspistole zu zücken und den anderen erst einmal zu beschießen (siehe hierzu auch S. 85): »Ich war heute Mittag total sauer, als ...« Oder: »Mich hat unheimlich unter Druck gebracht, dass du die Kinder nicht wie vereinbart aus dem Kindergarten abgeholt hast. Ich musste alles stehen und liegen lassen und ...«

Tipp 5: Fassen Sie sich so kurz wie möglich.

Das ist schwer. Sie haben so viel Ärger angesammelt – diese Energie will sich erst einmal entladen. Nur, seien Sie unbesorgt, Ihr Partner hat längst mitbekommen, dass Sie wütend sind. Das verrät Ihre Stimme, Ihr Gesicht, Ihre Haltung. Sie haben die Wahl: Wollen Sie Ihren Partner beschimpfen – dann wird auch er oder sie ärgerlich, und Sie werden Ihren Ärger nicht los. Oder: Sie wollen Ärger loswerden, dann müssen Sie sich kurzhalten. Sie fangen also jetzt nicht an endlos zu reden, sondern sagen ein, zwei möglichst kurze Sätze.

Tipp 6: Wiederholen Sie Ihren Ärger höchstens ein Mal, nie ein zweites Mal.

Je länger Sie reden, desto weniger hört Ihr Partner hin – und Sie werden nicht los, was Ihnen auf der Seele brennt.

Tipp 7: Bleiben Sie bei einem konkreten Vorfall, der Sie geärgert hat.

Wiederum gilt: Sie haben die Wahl und müssen sich entscheiden: Wollen Sie die Gelegenheit zu einer Generalabrechnung oder einer Charakteranalyse Ihres oder Ihrer Liebsten nutzen und möglichst viel Gift verspritzen – dann gibt es Streit. Bleiben Sie bei einem bestimmten Verhalten oder Vorkommen, dann besteht die Chance, dass Sie Ihren Ärger loswerden. (Siehe hierzu auch S. 87 ff.)

> Übung: Einen Ärger kurzfassen
>
> - Überlegen Sie: Aus welchem Anlass habe ich mich das letzte Mal heftig über meinen Partner geärgert?
> - Nehmen Sie ein Blatt Papier. Fassen Sie Ihren Ärger in einem Satz zusammen, der nicht mehr als zehn Worten. Sie haben 10 Versuche frei.

Ärger anhören heißt nicht: ihm zustimmen

Wie reagiert nun der andere? Er nimmt den Wunsch des Partners zu reden ernst. Das beweist er – wie schon erwähnt – damit, dass er die Aktivität, die ihn gerade beschäftigt, unterbricht, sich dem anderen zuwendet und ihn anschaut. Er wertet den anderen und sein Anliegen, gehört zu werden, nicht ab. Er verdreht nicht die Augen. Er signalisiert mit seiner Aufmerksamkeit: Ich bin für dich da; ich höre dir zu.

> Tipp 8: Ärger will gehört werden. Darum bestätigt der hörende Partner, dass er zugehört hat. Er sagt z. B.: »Ich habe deinen Ärger gehört.« Nicht mehr.

Er entgegnet nicht, er rechtfertigt sich nicht. Dafür ist jetzt nicht der Zeitpunkt.

> Tipp 9: Hat der hörende Partner bestätigt, dass er gehört hat, ist erst einmal Pause. Mindestens zehn Minuten.

Jetzt sehe ich schon, wie Sie aufspringen und protestieren. »Das ist doch total daneben. Wenn ich sauer bin, bin ich sauer.

Dann will ich, dass der andere mir Rede und Antwort steht, und zwar gleich. Ich will wissen, warum er oder sie das und das gesagt oder getan hat!« Oder ich höre Sie sagen: »Soll ich die Vorwürfe auf mir sitzen lassen? Ich muss doch wenigstens das Recht haben mit zu verteidigen!«

Ich kann Ihren Protest nachvollziehen. Auf den ersten Blick klingt er auch überzeugend. Trotzdem führt er schnurstracks in die Sackgasse. Denn ihm liegt ein doppelter Irrglaube zugrunde. Zum einen: »Wenn ich Ärger habe, habe ich Recht.« Zum anderen: »Wenn der Partner mir seinen Ärger vorhält, muss ich mich rechtfertigen.« Wer sich ärgert, glaubt, im Recht zu sein. Das gibt Ihnen aber noch lange nicht das Recht, voll Ärger auf Ihren Partner einzuschlagen. Wer voller Wut sein Recht sucht, setzt sich leicht ins Unrecht. Vor allem:

> Tipp 10: Ärger loswerden und Recht haben wollen
> sind Strategien, die sich gegenseitig ausschließen.
> Sie sollten sich für das entscheiden, was Sie wirklich
> möchten.

Nun wende ich mich wieder an den Partner, der sich Ärger anhört:

> Tipp 11: Argumentieren Sie nicht, wenn Ihr Partner
> ärgerlich ist. Argumente verändern Ärger (fast) nie.

Ärger ist eine Empfindung, die Gefühle auslöst, und Gefühle sind erst einmal da, ob nun berechtigt oder nicht. Gefühle sind resistent gegenüber Argumentieren. Argumente bewirken meist das Gegenteil: Sie verstärken den Ärger beim ärgerlichen Partner. Darum:

> Tipp 12: Verteidigen Sie sich nicht, wenn Ihr Partner
> Ärger loswerden will.

Gerade weil der Partner, dem der Ärger gilt, sich in der Regel gleich verteidigt und nicht erst einmal zuhört, werden Ärgergespräche so verbissen und unergiebig. Nicht nur bleibt der ärgerliche Partner auf seinem Ärger sitzen. Er ist auch noch gekränkt, weil sein Wunsch, berechtigten (wie er glaubt) Unmut loszuwerden, nicht gehört wird. So fühlt er sich doppelt abgelehnt und total unverstanden.

Wir sind hier bei einer der folgenreichsten Verwechslungen im Zusammenleben von Liebenden angekommen. Fast alle Paare denken: Wenn ich dem Ärger des Partners zuhöre, dann gebe ich ihm auch Recht. Bloß, das stimmt überhaupt nicht!

> Tipp 13: Sie sollten dem Partner Gelegenheit geben, seinen Ärger auszusprechen.
> Das heißt aber noch lange nicht, dass Sie ihm zustimmen.
> Weil Sie nicht zustimmen müssen, können auch Sie besser zuhören.

Der Ärger Ihres Partners ist sein Ärger, sein Gefühl, sein Eigentum. Ob er wirklich mit Ihnen zu tun hat, ist eine andere Frage. Die sollten Sie in Ruhe prüfen. Und ob Sie dem Ärger ihres Partners dann auch noch Berechtigung zuerkennen, ist wieder eine andere Frage.

Erwartet dagegen einer von Ihnen beiden, dass seinem Ärger stets entsprochen wird, dann leben Sie in einer Ärgerdiktatur. Der Ärgerdespot macht den Partner zum Ärgersklaven. Das hat dann nichts mit erwachsener, respektvoller Partnerschaft zu tun und schon gar nichts mehr mit Liebe.

Übung: Das Ritual des Ärgermanagements trainieren

- Sie melden bei Ihrem Partner den Wunsch an, einen Ärger auszusprechen.
- Ihr Partner überlegt, wann er dazu bereit ist.
- Ist Ihr Partner bereit, sagen Sie Ihren Ärger in kurzen Sätzen (möglichst nicht mehr als zwei).
- Ihr Partner bestätigt, dass er Ihren Ärger gehört hat.
- Dann machen Sie eine Pause.

Für Hörbereitschaft sorgen

Manche Leute denken – nach meiner Erfahrung gibt es da keinen Unterschied zwischen Frauen und Männern –: Wenn ich dem Partner nicht zuhöre, wenn ich mir den Ärger des Partners nicht anhöre, wenn er das will, bin ich im Unrecht.

Sie hat eben den einjährigen Sohn, der gerade Zähne bekommt und ohnehin nie einschlafen will, mühsam und erfolgreich in den Schlaf gesungen. Jetzt möchte sie einfach nur verschnaufen, eine CD ins Gerät schmeißen und ihren Lieblingssong hören. Da kommt er und will über Ärger reden. Das kann nicht gutgehen. Das geht auch nicht gut.

Er kommt abends heim, die Arbeit war stressig, die Züge hatten Verspätung. Wonach er sich sehnt: ein kurzer Blick auf seine E-Mails, ein kühles Bier und die Beine von sich strecken, sonst nichts. Da kommt sie und will ihre Wut über einen Streit mit der unverschämten 15-jährigen Tochter abladen.

Warum fällt es so schwer, »Nein« zu sagen, »jetzt nicht!«? Weil Sie den Druck des Partners spüren. Vor allem aber, so vermute ich, weil Sie mental in der Verliebtheitsphase stecken geblieben sind. Da galt der unausgesprochene Pakt: Ich bin immer für dich da, ich bin immer für dich offen. Nur, Sie befinden sich nicht mehr in der Verliebtheitsphase. Sie sind im Beziehungsalltag angekommen. Da gelten andere Regeln.

> Tipp 14: Wenn Sie nicht zuhörbereit sind, sagen Sie Ihrem Partner: »Jetzt nicht.« Nennen Sie einen Grund, damit er es versteht.

Sie könnte etwa sagen: »Du, ich brauche jetzt eine halbe Stunde Pause. Ich bin k. o. Der Kleine war wieder anstrengend. Komm bitte in einer halben Stunde wieder.« Er könnte sagen: »Lass mich bitte erst einmal ankommen. Der Tag war der Horror. Geht es nach dem Abendessen, für zwanzig Minuten?« Sie haben das Recht, sich zu schützen: »Ich will deinen Ärger jetzt nicht abkriegen. Lass uns morgen beim Frühstück reden!«

Tipp 15: Teilen Sie aber in jedem Fall zugleich auch mit, wann Sie dem Partner in absehbarer Zeit zuhören wollen.

Warum das so wichtig ist, hatten wir schon auf S. 68: »Wenn ich möchte, dass mein Partner mich nicht bedrängt, darf ich ihn nicht zappeln lassen.« Ihr Partner hat das dringende Bedürfnis, sofort zu reden. Das kann er – auf Ihren Wunsch hin – nur aufschieben, wenn Sie ihm eine klare Perspektive geben. Er kann den fast unerträglichen Ärgerdruck nur bei sich behalten, wenn er sicher ist, in einer halben Stunde oder nach dem Abendessen werde ich ihn auch wirklich los.

Merkwürdigerweise gibt es in fast jedem Paar einen Konfliktvermeider, der unangenehme Diskussionen gerne weit hinausschiebt: »Lass uns später darüber reden.« »Später« heißt im Klartext: »Am liebsten gar nicht«. Diese Strategie kann den anderen bis zur Weißglut reizen, sodass er seine Wut nicht mehr im Zaume hält und über den Konfliktvermeider herfällt. Darum: Verabreden Sie eine genaue Zeit und halten Sie sie ein. Das klappt allerdings nur, wenn Sie Ärgergespräche zur Sicherheit von vorneherein begrenzen. Wollen Sie ausführlicher über Ärger sprechen, so:

Tipp 16: Verabreden Sie vorher, wie lange Ihr Gespräch dauern soll.

Bei den meisten Paaren polarisieren sich im Laufe des Zusammenlebens Wünsche und Vorstellungen. Der eine hat das Bedürfnis, lange und ausführlich zu reden (das sind häufig, aber nicht immer, die Frauen). Der andere möchte das Reden so kurz wie möglich halten (das sind häufig, aber nicht immer, die Männer). Trifft ein Paar sich zum Reden, so hofft sie vielleicht: »Jetzt kann ich endlich zwei Stunden lang all das ausschütten, was ich auf dem Herzen habe!« Er indessen kalkuliert: »In zwei Minuten bin ich zurück am Bildschirm.« Damit wäre neuer Ärger vorprogrammiert. Darum einigen Sie sich vorher auf die Gesprächsdauer und schalten Sie eine Küchenuhr ein.

> Tipp 17: Wenn Sie nicht fertig werden: Vertagen Sie sich. Machen Sie einen festen Termin aus und sprechen Sie dann weiter.

Ein solches Vorgehen schützt Sie beide. Es lässt Ihrer beider Ärger abkühlen.

Übung: Gesprächshindernisse aufspüren

- Überlegen Sie bitte:
  Warum neige ich dazu, Konfliktgesprächen aus dem Wege zu gehen? Was befürchte ich genau?
  Warum neige ich dazu, auf Gespräche zu drängen? Was befürchte ich genau?
- Reden Sie darüber mit Ihrem Partner. Einigen Sie sich vorab auf eine begrenzte Redezeit, z. B. eine Viertelstunde für jeden.
- Finden Sie heraus: Was lernen wir aus diesem Gespräch?

Hinter Ihrem Ärger verstecken sich Ihre Bedürfnisse

Sie werden erstaunt sein, wie gut es Ihnen tut, wenn Ihnen Ärger-Management ein erstes Mal richtig gelungen ist. Der eine ist seinen Ärgerdruck los, denn er hat seinen Ärger ausgedrückt. Er fühlt sich etwas erleichtert, denn der andere hat *nicht* abgeblockt, hat sich *nicht* gerechtfertigt, hat *keine* Gegenattacke geritten. Der andere hat den Ärger des Partners gehört und stehen lassen. Der andere konnte zuhören, ohne sich abzuwenden, denn er wusste: »Mein Partner braucht das jetzt. Er ist einfach sauer. Ob zu Recht oder zu Unrecht, ändert nichts daran: Er ist jetzt voll Ärger, und das muss raus. Ob seine Wut überhaupt mit mir zu tun hat, können wir ja später sehen.« Die Minuten, die zwischen der Empfangsbestätigung »Ich habe gehört« und weiterem Reden liegen, haben den Ärger zusätzlich abkühlen lassen. Es bestätigt sich die Erfahrung von S. 72: »Pausen zum Nachdenken bewirken mehr als endloses Reden.«

> Tipp 18: Erst nach einer guten Pause sollte der, der gehört hat, beim anderen anklopfen und fragen: »Bist du bereit, jetzt auch mich anzuhören?«

Denn *Sie beide* haben den Anspruch darauf und das Bedürfnis, gehört und ernst genommen zu werden. Wenn Sie Ärger verspüren, schlägt Ihr Organismus Alarm. Ihr Bedürfnisthermometer meldet überhöhte Temperatur. Irgendetwas läuft nicht so, wie es sein sollte. Ärger tritt auf, wenn Sie, das heißt Ihr Körper oder Ihre Psyche (Ihre Seele), ein Bedürfnis oder einen Wunsch haben, der nicht erfüllt wird, wenn Sie den anderen an der Latte Ihrer Vorstellungen und Erwartungen messen und ein Defizit feststellen.

Ärgerlich konnten Sie schon werden, als Sie noch ein Säugling waren. Wenn Sie Hunger hatten, haben Sie geschrien. Und wenn die Mutter oder das Fläschchen nicht gleich kamen, haben Sie ärgerlich geschrien. Der Ärgerschrei eines Säuglings ist nicht zu überhören. Bevor Brust oder Fläschchen bereit sind, beruhigen Eltern erst einmal mit Worten. Das stillt nicht den Hunger. Es signalisiert jedoch: »Ich habe gehört. Dein Bedürfnis gehört zu werden wird ernst genommen.« Genau aus diesem Grund ist es so wichtig, dass Partner sich gegenseitig zu verstehen geben: »Ich sehe deine Bedürfnisse, ich höre deinen Ärger.« Denn wenn es um die menschlichen Grundbedürfnisse geht, funktionieren Erwachsene nicht anders als Säuglinge.

Anders als in der frühen Kindheit haben Erwachsene allerdings nicht mehr den berechtigten Anspruch, sich vom Partner versorgen und bedienen zu lassen, so als wären sie ein Säugling. Davon war schon in Kapitel vier die Rede. Liebespartner haben zwar einen Pakt geschlossen, sich gegenseitig vitale Bedürfnisse zu befriedigen (siehe oben S. 69). Aber dies funktioniert auf Dauer nur befriedigend, wenn dabei die Bedürfnisse *beider* Partner respektiert und geachtet werden.

> Tipp 19: Die beste Vorbeugung gegen Ärgerausbrüche ist, dass Sie gut für sich selber sorgen und zugleich Ihre Liebesbeziehung liebevoll warten.

Ärger ist seltener bei Paaren, die wissen, was der andere braucht, und die darauf achten, dass jeder auf seine Kosten kommt. Partner, die die Bedürfnisse des anderen kennen und darüber reden können, leben entspannter und länger. (Die wichtigsten Regeln für erfolgreiches »Bedürfnis-Management« finden Sie auf den Seiten 65 bis 70.) Darum:

> Noch wirkungsvoller, als Ärger loszuwerden, ist es, Ihren Partner zu bitten, mit Ihnen über Ihre Erwartungen und Wünsche zu sprechen.

Sie sagen damit, was Sie wirklich sagen wollen, weil Sie die Bedürfnisse nennen, die *hinter* Ihrem Ärger stehen. Aber:

> Eine Bitte ist nur eine Bitte, wenn Ihr Partner sie auch ablehnen kann.

Sonst ist es ein Befehl. Den hört niemand gern.

Übung: Erwartungen raten

- Verabreden Sie sich mit Ihrem Partner zu einem Ratespiel (maximal dreißig Minuten).
- A entsinnt sich an seinen letzten großen Ärger und teilt ihn B mit.
- Falls einer von Ihnen ärgerlich wird: Brechen Sie Ihr Gespräch sofort ab und vertagen Sie sich. Ansonsten
- B rechtfertigt sich nicht, sondern versucht zu raten, welches Bedürfnis von A hinter dem Ärger steht.
- Danach wechseln Sie die Rollen.

Kleiner Ärger – großer Ärger

Geht es Ihnen gut in Ihrer Liebesbeziehung, dann stecken Sie einen Ärger meist relativ mühelos weg. Das positive Beziehungskonto ist reich gefüllt, da fällt ein ärgerliches Ereignis nicht so ins Gewicht. Anders sieht die Bilanz aus, wenn das positive Konto leer ist. Ist Ärger das Einzige, was Sie auf Ihren Beziehungskonten finden, dann wird auch eine kleine Verstimmung schnell zu einem großen Problem. (Zur Kontoführung der Seele siehe S. 179.)

> Tipp 20: Sorgen Sie dafür, dass ein kleiner Ärger ein kleiner Ärger bleibt.

Sie haben es in der Hand, Ihrer gegenseitigen Zuneigung jeden Tag Nahrung zu geben – mit einem Blick, einem Wort, einer zärtlichen Geste, mit Spaßzeit, die Sie gemeinsam verbringen. Kommt es doch einmal zu Missstimmung, so beachten Sie auch noch die folgenden praktischen Empfehlungen:

> Tipp 21: Reden Sie mit Ihrem Partner, solange Sie Ihren Ärger noch haben, nicht erst, wenn der Ärger Sie hat.

Wenn Ärger oder Kränkung Ihre Vernunft überschwemmt und Ihren Verstand total außer Kraft gesetzt haben, macht es meist wenig Sinn, mit dem anderen zu reden. Warten Sie daher nicht, bis Ihre Wut alle anderen Gefühle infiziert hat. Fragen Sie Ihren Partner gleich, wann Sie mit ihm sprechen können.

> Tipp 22: Reden Sie mit Ihrem Partner, solange Ihr Ärger noch frisch ist.

Ist Ihre Beziehung insgesamt gut, dann versuchen Sie möglichst bald zu bereinigen, was zwischen Ihnen steht. Damit vermeiden Sie, dass aus einem kleinen Vorkommnis oder Missverständnis eine große Krise wird. Hat Ihr Partner Ihnen zugestanden, einen Ärger auszusprechen, dann schummeln Sie nicht:

> Tipp 23: Bleiben Sie bei aktuellem Ärger, an den Ihr Partner sich erinnern kann. Schieben Sie nicht noch schnell ein altes Problem hinterher.

Im Zweifelsfall hat jeder von Ihnen eine Menge alten Ärger in seiner Tiefkühltruhe gelagert. Alten Groll aufwärmen führt nur zu neuem Streit und erschwert die Lösung gegenwärtiger Probleme.

> Tipp 24: Unterscheiden Sie zwischen Beziehungsärger und Außenärger.

Nicht jeder Streit hat mit Ihrer Beziehung zu tun. Spannung am Arbeitsplatz, Arbeitslosigkeit, eine unerfreuliche Begegnung im Supermarkt, auf der Bahn oder auf der Straße, unmögliche Nachbarn – das und vieles andere ist Ärger, für den Ihr Partner nichts kann. So wie Sie unbeabsichtigt Schmutz an Ihren Schuhen in die Wohnung tragen, bringen Sie auch emotionalen Schmutz nach Hause. Lassen Sie Ihren Partner nicht für »Außenärger« büßen.

> Kommt Ihr Partner missgestimmt heim, fragen Sie ihn: »Ich habe den Eindruck, etwas stimmt nicht. Hat es mit mir zu tun?«

Sie helfen dem anderen, sich klarer darüber zu werden, was los ist. Sagt er oder sie zum Beispiel: »Nein, ich hatte Ärger auf der Arbeit«, dann sind Sie frei und brauchen sich nicht schlecht zu fühlen. Sie könnten ihn oder sie auch noch fragen:

> »Kann ich etwas für dich tun?«

und ihm oder ihr einen Kaffee oder ein Glas Bier anbieten.

Übung: Außenärger draußen lassen

● Überlegen Sie: Welche Situationen außerhalb Ihrer Paarbeziehung oder Familie verderben Ihnen gelegentlich die Atmosphäre?
● Vergleichen Sie Ihre Einfälle.
● Falls das Gespräch zu Ärger führt: Brechen Sie ab und vertagen Sie sich. Ansonsten
● überlegen Sie gemeinsam weiter: Was würde mir, was würde uns beiden helfen, Ärger, der nichts mit unserer Beziehung zu tun hat, los zu werden oder zu begrenzen?
● Probieren Sie einen Lösungsvorschlag bzw. ein Ritual aus.
● Überprüfen Sie nach einem Monat und bessern Sie gegebenenfalls nach.

Und wenn Ihr Partner Ihren Ärger absolut nicht hören will?

Schwierig wird es, wenn Ihr Partner Ihren Ärger absolut nicht anhören will. Wenn es Ihnen partout nicht gelingt, ihn auch nur zu einem zweiminütigen Gespräch nach den obigen Regeln zu bewegen. Oder wenn Sie Ihre Wut nicht an den Mann oder die Frau bringen können, weil er oder sie nicht da oder unerreichbar ist. Oder wenn eine Stimme Restvernunft in Ihnen sagt: »Du bist so geladen – das bringt jetzt nichts.« (Diese Ihre Reaktion wäre super!) Als Notlösung bleibt Ihnen dann:

Tipp 25: Führen Sie eine Ärgerliste.

Schreiben Sie alles auf, was Sie ärgert. Wundern Sie sich nicht, wenn Ihre Liste lang wird. Aber geben Sie diese Liste nicht Ihrem Partner. Lesen Sie sie ihm auch nicht vor. Lassen Sie sie auch nicht in der Wohnung herumliegen in der Hoffnung, er findet sie zufällig. Diese Liste ist Ihr Eigentum. Sie soll Ihnen helfen, etwas Abstand zu Ihrem Ärger zu bekommen, indem Sie ihn aus sich herausschreiben. (Und sollte Ihr Partner sich wider Erwarten doch einmal zu einem Gespräch bereitfinden, so werden Sie ihm auf keinen Fall die ganze Litanei vorlesen, sondern nur einen Punkt zur Sprache bringen und sich dabei streng an die obigen Regeln halten.) Vorteil dieser Liste kann sein: Sie kommen ein wenig zur Besinnung; Ihr Ärger findet einen Platz, an dem er aufbewahrt ist. Vielleicht tut es Ihrer Beziehung gut, wenn Sie sich ein bisschen beruhigen. Ein anderer Vorteil ist: Sie können Ihre Auflistung immer wieder ergänzen. Natürlich bleibt diese Liste eine Notlösung. Sollten Sie und Ihr Partner überhaupt nicht mehr imstande sein, persönliche Gespräche zu führen, dann brauchen Sie wahrscheinlich die Hilfe eines Paarberaters.

Einmal angenommen, Sie haben alles versucht, was in diesem Buch empfohlen wird. Sie haben Ihren Partner nicht bedrängt. Sie haben ihm liebe- und respektvoll Ihre Wünsche und Bedürfnisse mitgeteilt. Sie haben sich sogar an die Empfehlung »Bitten und bieten statt fordern und klagen« gehalten. Und trotzdem: Ihr Partner kommt Ihnen nicht entgegen. Er oder sie erfüllt Ihnen nicht, was Sie sich sehnlichst von ihm wünschen. Er oder sie kann es nicht. Oder er oder sie will es nicht.

Sie etwa braucht regelmäßig Austausch mit ihm. Sie möchte erfahren, wie es ihm geht, möchte wissen, was er denkt. Außerdem braucht sie jemanden, dem sie erzählen kann, was sie bewegt. In einer Beziehung leben heißt für sie: Gedanken und Gefühle teilen. Für sie ist das lebenswichtig. Bloß: Ihm geht es absolut gegen die Natur – er kann nicht gut über Gefühle reden, er will es auch nicht.

Er möchte Sexualität lustvoll leben, in den verschiedensten Variationen. Einander begehren, häufig und leidenschaftlich – so stellt er sich eine Liebesbeziehung vor. Nur: Sie hat dabei nicht mehr so viel Spaß wie früher. Oder es war ihr noch nie so wichtig. Von seinem Drängen fühlt sie sich eher bedrängt.

Was können Sie tun, wenn Sie mit Ihren Vorstellungen von Gemeinsamkeit beim Partner nicht landen? Wenn Ihnen Bedürfnisse, die für Sie zentral sind, nicht oder nicht so befriedigt werden, wie Sie sich das wünschen? Wenn es keinen Sinn macht, den Partner zu belagern? Wenn Sie verzichten müssen?

> Auf Wünsche und Träume zu verzichten kann sehr schmerzhaft sein.

Das stellt Sie vor Fragen wie: Wie viel ist mir mein Partner wirklich wert? Wie viel liegt mir wirklich an ihm oder an ihr? Kann ich das Leben mit ihm oder ihr auch wertschätzen, wenn ich bei etwas, das mir total wichtig ist, nicht auf meine Kosten komme? Kann ich meinen Ärger beiseitelegen und beschließen: Das Leben mit dir ist mir lieber, als ohne dich zu sein?

Sich darüber klar zu werden kann Zeit in Anspruch nehmen. Um darüber in Ruhe nachdenken zu können, ist es vielleicht nützlich, Ärger und Enttäuschung erst einmal aus sich herauszuschreiben. Aber – wie schon gesagt – die Ärgerliste ist nur eine Zwischenlösung.

Übung: Ihren Ärger aufschreiben

- Legen Sie eine Ärgerliste an. Wie man das macht, steht oben im Text.

Regel 8:
Lerne Streit-Management

Streiten – oder kämpfen?

Ärger und Streit sind Geschwister. Wo Ärger auftritt, ist Streit nicht weit. Wenn es unvermeidlich ist, dass Partner, die auf engem Raum nahe beieinander leben, sich auch mal über den anderen ärgern, dann ist es ebenso unvermeidlich, dass Partner auch mal in Streit geraten. Bei Paaren, die behaupten »Wir streiten nie!« spielt sich der Streit häufig unterirdisch ab. Partner, die wirklich nicht streiten, haben sich oft auch nichts mehr zu sagen. Oder sie verlagern den Streit nach außen, indem sie über andere herziehen.

> Streit muss nicht das Ende der Beziehung bedeuten.

Im Gegenteil.

> Streit zeigt: Sie haben Interesse an Ihrem Partner.

Wenn Sie mit Ihrem Partner streiten, beweisen Sie, dass Ihnen an ihr oder an ihm liegt. Er oder sie ist Ihnen nicht gleichgültig. Mit einem Menschen, der Ihnen völlig gleichgültig ist, würden Sie nicht einmal streiten. Das Gegenteil von Liebe ist Indifferenz, nicht Wut oder Hass.

Man ist nie so ausschließlich mit dem anderen beschäftigt wie beim Streiten – außer bei Zärtlichkeit und Sex. Spaß an Auseinandersetzung kann durchaus ein Zeichen dafür sein, dass die Beziehung lebendig ist. Streit kann die Luft reinigen, wie ein Gewitter. Streiten tut manchmal weh, aber die Partner spüren sich wieder. Oft entwickelt sich neue Energie. Ich kenne Paare, die inszenieren eine heftige Streitszene als Vorspiel zu leidenschaftlichem Sex.

Nach einem Streit gehen die Partner in der Regel behutsamer mit dem anderen um. Eine neue Achtsamkeit entsteht. Streiten kann verbinden.

Entscheidend ist allerdings, dass es beim Streiten bleibt und der Streit nicht in Kampf ausartet. Beim Kämpfen siegen Sie auf Kosten Ihres Partners. Jeder von Ihnen gibt sich Mühe, den anderen niederzumachen. Die Wunden, die Sie sich dabei schlagen, sind in der Regel so tief, dass sie nicht oder nur sehr schwer heilen.

> Partnerschaft ist anders als Tennis:
> Es gibt immer nur zwei Gewinner – oder zwei Verlierer.

Beim Tennis gewinnen Sie zwangsläufig, wenn Sie dem Partner eine Niederlage zufügen. Das ist in einer Liebesbeziehung anders. Woran können Sie ablesen, ob Sie noch streiten oder schon ins Kämpfen geraten sind? Fünf Faustregeln helfen Ihnen zu unterscheiden:

Faustregel 1: Sie greifen den anderen nicht unter der Gürtellinie an. Ein Rest Vernunft (oder Liebe) lässt Sie davor zurückscheuen Dinge zu sagen, die Ihre Beziehung unwiderruflich zerstören.

Faustregel 2: Sie reden nicht mit aller Welt über Ihren Konflikt. Sie ziehen auch keine anderen Personen in Ihren Streit hinein, weder Eltern, Freunde, Nachbarn noch Kollegen. Weder benutzen Sie sie als Bundesgenossen. Noch missbrauchen Sie sie, um die Schlagkraft Ihrer Argumente zu erhöhen. Vor allem: Sie halten Ihre Kinder aus dem Streit heraus. Die bekommen natürlich mit, wenn zwischen den Eltern dicke Luft herrscht. (Machen Sie sich nichts vor: Kinder kriegen immer *alles* mit.) Darum werden Sie Ihren Kindern bei einer günstigen Gelegenheit – möglichst gemeinsam – erklären: »Wir haben gerade Stress miteinander, aber das ist unsere Sache. Es hat nichts mit euch zu tun. Ihr seid nicht schuld!« Dabei schaut *jeder* von Ihnen beiden *jedem* Kind oder Jugendlichen *einzeln* in die Augen.

Faustregel 3: Sie sind in der Lage, ein Streitgespräch zu beenden. Einer von Ihnen sagt zum Beispiel: »Ich will jetzt nicht mehr streiten!«, und der andere respektiert das. Mit Streiten aufhören können ist das sicherste Indiz, dass Sie sich nicht in einen Kampf verbissen haben, bei dem es ja ohnehin nur zwei – wütende, verletzte, enttäuschte oder verzweifelte – Verlierer gibt. Die Faustregeln 4 und 5 folgen im nächsten Kapitel.

Übung: Sind wir ein Streit- oder ein Kampfpaar?

- Überlegen Sie für sich allein: Sind wir eher ein Streit- oder ein Kampfpaar? Sind wir in der Lage, ein Streitgespräch abzubrechen?
- Bevor Sie mit dem anderen darüber reden, prüfen Sie: Bin ich in Streitlaune? Fragen Sie Ihren Partner: Bist du in Streitlaune? Wenn Sie beide ehrlich »nein« sagen können, holen Sie Ihre Eieruhr, stellen Sie sie auf fünf Minuten und
- teilen Sie sich Ihre Einfälle mit, fünf Minuten lang, nicht mehr.

Streiten heißt: Sie sind unterschiedlich

Wenn Sie sich mit Ihrem Partner streiten, treffen unterschiedliche Ansichten aufeinander. Sie haben Interessen und Wünsche – Ihr Partner auch, vermutlich andere. Sie haben eine Meinung, Sie möchten Ihren Standpunkt zur Geltung bringen, das ist einleuchtend. Nur – Ihr Partner möchte dasselbe.

In einer Paarberatung sagte mir einmal der Ehemann: »Sie betonen immer: Sie haben Recht, und meine Frau hat auch Recht – ich hätte aber am liebsten alleine Recht!« Wer hätte das nicht gerne? Wenn zwei sich streiten, möchte jeder Recht haben. Meistens hat auch jeder Recht – aus seiner Sicht.

Sie haben den Anspruch, dass *Ihr Standpunkt* gehört wird? Das ist völlig normal. Ihr Partner vertritt eine *andere* Meinung? Das darf er oder sie. Sie wollen, dass *Ihre Interessen* berücksichtigt werden? Auch das ist völlig normal. Ihr Partner hat *andere* Interessen? Das darf sie oder er. Sie möchten, dass *Ihre Wünsche und Bedürfnisse* so weit wie möglich befriedigt werden? Wiederum: Das ist normal in einer Partnerschaft. Ihr Partner hat *nicht dieselben* Bedürfnisse oder Wünsche wie Sie und wünscht, dass auch die so weit wie möglich erfüllt werden? Das darf er oder sie. Darum heißt die

Faustregel 4: Sie versuchen nicht, den anderen zu ändern. Wenn Sie wollen, dass Ihr Liebster oder Ihre Liebste so denkt oder ist wie Sie, werden Sie zum Missionar. Sie starten einen Kreuzzug. Dabei wird meist erbittert gekämpft. Doch Ihr Kampf ist von vornherein aussichtslos.

> Wenn Sie Ihrem Partner einreden oder ihn überzeugen wollen:
> »Sei anders, als du bist!«, haben Sie keine Chance.

Denn Sie leugnen die Realität:

> Sie und Ihr Partner sind unterschiedlich.

Es ist daher absolut sinnlos, Ihren Partner zu der Ansicht bekehren zu wollen, er sei **nicht** anders als Sie. Gerade *weil* Ihr Partner in manchem anders ist als Sie, weil er Sie ergänzt, haben Sie ihn sich ja geangelt. (Siehe hierzu auch S. 74.)

Unterschiedlich sein heißt: Sie gehen auch mal getrennte Wege. Sie haben andere Freunde, verschiedene Hobbys und Vorlieben. Und: Jeder löst Probleme auf seine Weise. Das ist eine weitere Realität, die oft geleugnet wird. Sie beispielsweise ist grenzenlos in ihrer Fürsorge und Hinwendung zu Kindern und Freunden, er ist unbeirrbar und stabil wie ein Fels in der Brandung. Wäre er genauso grenzenlos wie sie, verhielte sie sich genauso standhaft bzw. rigide wie er, bekämen sie im Alltag Probleme. Ein anderes Beispiel: Er ist locker im Umgang mit Geld, sie achtet darauf, dass sich die Ausgaben in Grenzen halten. So ergänzen sich beide.

> Die Unterschiedlichkeit der Partner verhilft Ihnen dazu, dass Ihre Paarbeziehung im Gleichgewicht bleibt.

Und nicht nur die Beziehung, im letzten Beispiel auch das Familienbudget. Ganz ähnlich verhält es sich mit unterschiedlichen Erziehungsstilen in der Kindererziehung: Häufig ergänzen die sich nicht nur, sie bedingen sich gegenseitig. Damit meine ich: Der eine Partner bewirkt mit seinem Handeln, dass der andere sich anders – ergänzend oder ausgleichend – verhalten *muss*. (Siehe hierzu auch S. 58 f.)

Kein Mensch ist davor geschützt, älter zu werden. Auch das ist eine Realität. Menschen entwickeln sich. Sie wachsen, sie reifen, dadurch verändern sie sich. Immer wieder haben mir in Paarberatungen vor allem die Männer gesagt: »Ich möchte, dass meine Frau noch so ist wie vor zwanzig Jahren.« Wenn ich dann fragte: »Was genau meinen Sie damit?« wurde deutlich, dass dieser Wunsch zwar verständlich, aber zugleich total unrealistisch ist. Zudem verstößt er gegen den Artikel 1 des Grundgesetzes von Liebesbeziehungen, an den ich hier noch einmal erinnere:

> In einer Partnerschaft soll sich keiner selbst aufgeben.

Daraus folgt die *Faustregel 5: Sie suchen Problemlösungen, die die Interessen beider Partner berücksichtigen.* Solange Sie sich bemühen, den anderen zu überzeugen, Ihre Problemlösung sei die beste oder die einzig mögliche, kämpfen Sie. Wenn Sie Kompromisse vorschlagen, wenn Sie bereit sind, für ein Entgegenkommen Ihres Partners einen Ausgleich zuzugestehen, dann verhandeln Sie. Nur so hat Ihre Beziehung eine Chance. (Siehe hierzu auch S. 33 f. und 71 f.)

Übung: Vom Anderssein des Partners profitieren

- Überlegen Sie für sich allein: Wo profitiere ich von der Tatsache, dass mein Partner anders ist, denkt, fühlt und handelt als ich?
  Wie könnte ich von seiner Unterschiedlichkeit noch mehr profitieren?
- Bevor Sie mit dem anderen darüber reden, prüfen Sie: Bin ich in Streitlaune? Fragen Sie Ihren Partner: Bist du in Streitlaune? Wenn Sie beide ehrlich »nein« sagen können, holen Sie Ihre Eieruhr, stellen Sie sie auf dreißig Minuten (fünfzehn Minuten für jeden) und
- teilen Sie sich Ihre Einfälle mit.

Was den Streit im Gange hält

Wie kommt es eigentlich: Einst liebten sie sich heiß und innig – jetzt streiten sie nur noch. Früher konnten sie vom anderen nicht genug kriegen – heute haben sie genug voneinander, wenn sie sich bloß ansehen. Woraus besteht der Treibstoff, der den Streitmotor im Gange hält? Eine erste Antwort auf die Frage könnte die Beobachtung sein:

> Paare, die sich streiten, kommen zu kurz.

Sie etwa will, dass er mehr Ordnung hält, denn es bereitet ihr Mühe, immer hinter ihm herzuräumen. Sie wünscht sich mehr Achtsamkeit von seiner Seite; dass er ihren Sinn für Schönheit und Ordnung in der Wohnung respektiert. Was sie allerdings sagt, ist nicht ein Wunsch, sondern ein Vorwurf, gegen den er sich sofort verteidigt. – Er etwa wertet sie ab: »Was machst du schon den ganzen Tag über. Im Haushalt ist doch nichts zu tun!« Was er möchte, ist vielleicht, mehr Zeit mit ihr verbringen oder Anerkennung bekommen für das, was er tut, oder dass sie ihm nicht so oft widerspricht, wer weiß. Keiner von beiden teilt mit, welcher Wunsch oder welches Bedürfnis hinter dem eigenen Unbehagen steht, was er wirklich braucht oder möchte.

> Im Grunde ist Streiten das unproduktive Bemühen, vom Partner etwas Positives zu bekommen.

Stattdessen lädt jeder seine negativen Empfindungen beim anderen ab und den Partner damit zugleich ein, das Streit- und Abwertungskarussell zu besteigen. Wer unter Wertschätzungsdurst und Zuwendungshunger leidet, versucht, sich dem anderen massiv verständlich zumachen. Er redet in heftigem Tonfall, greift zu kräftigen Ausdrücken, zu Übertreibungen und Giftwörtern. (Siehe dazu Kapitel 5, Seite 87 f. und 94.) Das ist für den, der zuhören soll, nicht nur physisch und psychisch unangenehm. Es verletzt auch seinen Gerechtigkeitssinn.

Jeder Mensch hat einen körperlichen Gleichgewichtssinn: Wenn wir gestoßen werden und das Gleichgewicht verlieren, versucht unser Körper wie von selbst, das Gleichgewicht wiederzugewinnen. Dem körperlichen Gleichgewichtsorgan entspricht ein psychisches Gleichgewichtsempfinden, ein Sinn für Ausgewogenheit und Gerechtigkeit. Behauptet jemand: »Heute ist das schönste (oder schlechteste) Wetter, das es je gab«, so überprüft eine innere Instanz im Menschen unwillkürlich, ob diese Aussage stimmt oder nicht. Ist die Behauptung unzutreffend oder unausgewogen, so drängt eine Stimme in uns ganz spontan auf Richtigstellung. Das ist der Grund dafür, dass Übertreibungen unser Gerechtigkeitsempfinden zu promptem Widerspruch reizen.

> Die meisten Partner sind außerstande, ihre Wünsche so zu äußern, dass der andere sie hören kann.

Beziehungspartner im Streit greifen fast automatisch zu Übertreibungen, um ihr Anliegen in die tauben Ohren des Partners zu bringen. Der hörende Partner mag vielleicht gerade noch zugestehen, dass der andere auch ein kleines bisschen Recht hat. Aber »so wie du das sagst, stimmt es nicht« und darum wird heftigst widersprochen.

Also noch einmal zusammengefasst: Auf Anschuldigungen, die sie als ungerecht empfinden, reagieren die meisten Menschen ausgesprochen empfindlich. Außerdem bereiten Vorwürfe und Kritik unserem Organismus ebenso heftige Schmerzen wie körperliche Verletzungen. Das hatten wir in Kapitel 5, S. 92 f. gesehen. Kommt beides zusammen – Kritik und ein verletztes Gerechtigkeitsgefühl –, so ergibt das einen hochexplosiven Treibstoff, der sich beim kleinsten Anlass entzündet und den Streitmotor nächtelang auf vollen Touren laufen lassen kann. Gibt es einen Ausweg? Ja. Im Grunde ist es ganz einfach:

> Geben Sie Ihrem Partner, wonach er sich so heiß sehnt und was er so dringend braucht: Zuwendung, Anerkennung, Wertschätzung, Zärtlichkeit.

Geben Sie sich gegenseitig, was Sie einander reichlich gegeben haben, als Sie ineinander verliebt waren. Aber warum wird dieser Ausweg so selten beschritten?

> Jeder erwartet den ersten Schritt vom anderen.

Denn jeder hat den Eindruck: Mir geht es viel schlechter als dir. Und jeder denkt: Liebe heißt, ich bekomme etwas von dir.

Übung: Übertreibungen auf der Spur

- Überlegen Sie für sich allein: Welche Übertreibungen des Partners gehen mir am meisten auf den Geist? Wo übertreibe ich gerne?
- Wenn Sie auf die Einfälle Ihres Partner neugierig sind: Prüfen Sie, ob einer von Ihnen in Streitlaune ist. Ist das nicht der Fall, teilen Sie sich Ihre Einfälle gegenseitig mit, aber diskutieren sie nicht darüber.

Streitlust – Vorteile, Risiken, Vergnügungssteuer

Es gibt natürlich auch Paare, die streiten sich aus purer Lust am Streit. Denn – wie wir schon gesehen haben –

> Streiten hat Vorteile.

Hier seien sie noch einmal aufgezählt:
- Wenn Sie streiten, sind Sie im Kontakt miteinander. Sie spüren sich. Darum:
- Streiten verbindet.
- Sie erfüllen sich gegenseitig bestimmte Bedürfnisse, zum Beispiel das nach Nähe – und stellen doch zugleich sicher, dass Sie sich nicht zu nahe kommen.
- Sie spüren Ihre Kraft – und bekommen die Kraft des Partners zu spüren, wenn der sich wehrt.
- Sie reiben sich aneinander. Nach einem Streit ist die Beziehung oft direkter.
- Nicht selten gehen Partner nach einem Streit auch behutsamer miteinander um.
- Konflikte und Meinungsverschiedenheiten, die bisher im Untergrund rumorten, werden ausgesprochen oder treten unübersehbar zu Tage.
- So kann Streiten helfen, besser zu verstehen, was Ihr Partner will und braucht. Das kann dazu beitragen, dass die ausgesprochenen und unausgesprochenen Abmachungen zwischen Ihnen neu verhandelt und Krisen bewältigt werden.
- Streit tritt oft auf, wenn Veränderungen anstehen. Irgendetwas in Ihrer Beziehung oder im Management des Alltags will anders werden.
- So birgt Streiten für Sie beide die Chance, zu wachsen, Ihre Persönlichkeiten und Ihre Partnerbeziehung zu entwickeln.

Auf der anderen Seite müssen Paare, die immer wieder Spaß am Streit finden, für ihr Vergnügen eine Vergnügungssteuer zahlen. Die ist meistens sehr hoch. Denn

> Streit, vor allem Dauerstreit, birgt auch Gefahren
> und kostet Energie.

- Streit kann Energie bringen. Aber Streiten kostet auch
  Energie, viel Energie. Nach einem Streit sind die meisten
  Paare total erschöpft, kraftlos, ausgelaugt, besonders dann,
  wenn sie ungeübt sind, Streit zu begrenzen.
- Streiten verbindet, aber keine Wunden, im Gegenteil. Oft
  werden kaum vernarbte Wunden wieder aufgerissen oder
  neue tiefe Verletzungen geschlagen.
- Die Sehnsucht, die hinter Streit steht – der Partner möge
  mich doch endlich verstehen –, wird nur äußerst selten ge-
  stillt.
- Und die meisten meiner Bedürfnisse, die ich dem Partner
  im Streit nahebringen will, werden eben nicht erfüllt.
- Tritt an die Stelle von Liebe die liebe Gewohnheit, sich zu
  streiten, dann richtet sich das Paar entweder dauerhaft in
  vergifteter Atmosphäre ein oder es legt Sprengsätze von Be-
  ziehungsdynamit an die Fundamente der Gemeinsamkeit.

Da wäre es doch das Vernünftigste, auf Streit zu verzichten
oder zumindest die Regeln des Streit-Managements zu beherzigen. Nur

> Der Verzicht auf Streit hat ebenfalls Konsequenzen.

- Sie müssten Ihrem Partner mitteilen, dass Sie sich nach
  ihm, nach seiner Liebe und Zuwendung sehnen.
- Sie müssten zu erkennen geben, dass Sie Bedürfnisse haben
  und schwache Seiten, dass Sie Ihren Liebsten brauchen.
- Dazu müssten Sie Ihre Ritterrüstung ablegen, sich nicht
  mehr verteidigen, nicht mehr auf den anderen einschlagen
  und sich stattdessen verletzbarer zeigen.
- Sie müssten auf die genussvolle Befriedigung Ihrer Rache-
  gelüste verzichten und dem anderen nicht mehr beweisen,
  wie bescheuert er ist oder wie falsch er liegt.
- Sie müssten auch darauf verzichten, ihn bei Ihrem besten

Freund oder Ihrer besten Freundin anzuschwärzen oder in Gegenwart der Kinder bloßzustellen.

- Statt sich in der Opferposition zu suhlen (Sie sind das Opfer, der andere ist schuld) müssten Sie Ihren Anteil an den Problemen zwischen Ihnen eingestehen.
- Sie müssten nach vorne denken, Kompromisse finden, Probleme lösen, statt das nur vom Partner zu fordern.
- Kurz: Sie müssten erwachsen werden.

Um Streit zu vermeiden, müssten Sie demnach lernen, auf Verhaltensweisen zu verzichten, die Ihnen vielleicht gewohnt und vertraut sind. Es gibt allerdings Paare, die *müssen* streiten, weil sie sich sonst überhaupt nichts mehr zu sagen haben. Streiten ist dann das Einzige, was sie noch verbindet. Ohne Streit müssten sie der Leere ihrer Beziehung ernsthaft ins Auge sehen.

Übung: Streitlust ergründen

- Nehmen Sie sich einmal 15 ruhige Minuten Zeit und überlegen Sie für sich allein: Macht Streiten mit dem Partner mir bisweilen auch Spaß? Was genau bereitet mir Befriedigung?
- Teilen Sie sich Ihre Einfälle gegenseitig nicht mit.

Ich will nicht mehr mit dir streiten!

Ja, worüber sollen wir dann noch reden?

144

Fahrstil, Kindererziehung, Schnarchen:
Worüber Paare besonders gerne streiten (1)

Wenn man will, kann man über alles streiten. Über die Farbe der Gardinen, das Taschengeld der Kinder, die Haushaltsausgaben, darüber, wer die Wäsche aufhängt, wer den Kratzer am gemeinsamen Auto verursacht hat oder wohin der Urlaub gehen soll, in die Berge oder an die See. Ein olympia-verdächtiges Streitthema ist auch die ewige Frage: »Wer leistet mehr im Haus oder für die Familie?« Darüber werden Sie sich, wenn Sie absolut streiten wollen, nie einig.

Ein besonders beliebtes Schlachtfeld bietet die Fahrt im Auto zu zweit. »Warum musst du so rasen?!« »Überhol doch endlich!!« »Fahr nicht so dicht auf!!!« »Dann fahr du doch!« Auch eine gut eingespielte Aufgabenverteilung kann urplötzlich einem Härtetest unterliegen, wenn in Sekundenbruchteilen zu entscheiden ist: »Muss ich nun rechts oder links? Schnell!« »Ich kann nicht zugleich auf die Karte und die Schilder gucken!« Lassen Sie sich nicht aus der Ruhe bringen. Zwei Lebensregeln macht auch eine Autofahrt unter Zeitdruck nicht zunichte. Zum einen: Wer am Steuer sitzt, ist der Chef (siehe hierzu Kapitel 3 über das Territorium Partnerschaft). Zum anderen: Sie mögen es glauben oder nicht, aber – die Welt geht nicht unter, wenn Sie sich mal verfahren. Das wussten schon die Römer:

> Errare humanum est. Auf Deutsch: Umwege machen das Leben reizvoll.

Übrigens: Ihre kleinen oder jugendlichen Kinder im Fond beobachten aufmerksam, wie Sie durchs Leben fahren. Wie Sie unter Stress reagieren, wird daher für Ihre Kinder automatisch Modell für vergleichbare Situationen – mehr als alles, was sie ihnen erzählen. Ihre Konfliktlösungen sind das Vorbild, dem Ihre Kinder folgen. Beherzigen Sie daher die Weisheit des Augustinus. Der war nicht nur ein einflussreicher Kirchenvater, sondern auch ein kluger Beobachter des Lebens:

> Das Leben der Eltern ist das Buch, in dem die Kinder lesen.

Man kann es auch so ausdrücken:

> Die Atmosphäre zwischen den Eltern ist die Luft, die die Kinder einatmen.

Von Kindererziehung war bisher schon mehrfach die Rede (zum Beispiel in Kapitel 3). Ganz schnell kommt es zu Streit. »Schrei die Kinder doch nicht so an!« »Die tanzen dir ja auf dem Kopf herum.« »Aber du bist immer so streng!« Und so weiter. Lassen Sie mich noch einmal einen wichtigen Grundsatz festhalten, wie Kindererziehung zu zweit gut gelingen kann. Kinder haben Anspruch auf Vater und Mutter, auf Zeit mit Vater und Mutter, auf Erziehung durch Vater und Mutter. Es schadet nichts, wenn Sie als Eltern unterschiedlich erziehen, *vorausgesetzt, Sie streiten deswegen nicht, sie respektieren sich gegenseitig,* lassen den anderen machen, wenn er dran ist, und kommen sich nicht in die Quere. Was nicht heißt, dass Sie nicht über Ihre unterschiedlichen Auffassungen reden sollten – aber nicht in Gegenwart der Kinder.

> Eltern schreiben das Lebensbuch ihrer Kinder – durch ihr Verhalten.

Alt-Paare stehen bisweilen vor dem Dilemma: Getrennt schnarchen oder gemeinsam schnarchen? Meistens hat einer den leichteren Schlaf. Meist auch schnarcht einer lauter. Ohnehin stört sie ja nur das Schnarchen des anderen. Was tun? Ohropax? Gut, aber nicht jeder mag das. Früher ins Bett gehen, damit Sie schon eingeschlafen sind, wenn Ihr Schnarcher kommt? Den anderen anstoßen oder im Gesicht streicheln, wenn es unerträglich wird? Auch das klappt nicht immer. Bleibt noch der Schlaf in getrennten Räumen, vorausgesetzt, Sie haben so viel Raum. Die Lösung hat natürlich Nachteile, vor allem im Winter. Doch auch hier gilt die Erfahrung, die vor allem Männer zur Kenntnis nehmen sollten: Die Welt, genauer Ihre Beziehung, geht nicht unter, wenn Sie in separaten Zimmern nächtigen. Im Gegenteil. Sie schlafen wahrscheinlich ruhiger (denn die Menschen wälzen sich nachts hin und her, wie die Schlafforschung zeigt). Zusätzlich bietet sich Ihnen allabendlich ein spannendes erotisches Gesprächsthema: Gehen wir zu dir oder kommst du zu mir?

Übung: Anlässe für Elternstreit herausfinden

- Machen Sie eine Liste: Welche Situationen führen dazu, dass wir uns als Eltern immer wieder in die Wolle kriegen?
- Tauschen Sie Ihre Einfälle aus.
- Finden Sie Lösungen: Was könnten Sie tun, dass Sie gegenseitig den Erziehungsstil des anderen Elternteils respektieren?

Die Schwiegermutter und andere Feinde
Worüber Paare besonders gerne streiten (2)

Ein weiteres klassisches Streitthema ist die Schwiegermutter oder die Schwiegerfamilie. Probleme gibt es schon deshalb, weil die deutsche Sprache zu Verwechslungen geradezu einlädt. Wen meinen Sie, wenn Sie »meine Familie« sagen? Ihre Herkunftsfamilie oder die Familie, in der Sie als Mutter oder Vater leben? Sie gehören zu beiden Beziehungssystemen. In beiden Bereichen sind Sie verwurzelt, haben dort Ihren Platz und feste Bindungen. Vielleicht brauchen Sie die Schwiegereltern zum Kinderhüten oder wegen eines Kredits beim Hausbau. Das schafft Verpflichtungen. Darum ist es ein Segen für Sie beide und Ihre Kinder, wenn sich alle Familien gut verstehen und einigermaßen problemlos kooperieren, die Herkunftsfamilien und ihre jetzige Familie. Für den Konfliktfall gibt es drei Grundprinzipien, die die Probleme zwar nicht lösen, aber zeigen, wer wofür zuständig ist.

1. Beides ist Ihre Familie, die aus der Sie stammen und die, in der Sie gegenwärtig mit Ihrem Partner leben. *Sie gehören zu beiden Familien, aber nicht mit dem gleichen Gewicht.* Indem Sie Ihren Partner geheiratet oder sich entschlossen haben, mit ihm zusammenzuleben, haben Sie ihm versprochen: *Du* bis meine Priorität, *du* kommst bei mir an erster Stelle. Darum brauchen Sie einen Liebes- und Lebensbereich, der gegenüber anderen Familienangehörigen – und seien es die eigenen Eltern – deutlich abgegrenzt ist. Im Konfliktfall beweist sich Ihre Liebe darin, dass Sie diesen Kernbereich Ihrer Beziehung deutlich markieren und verteidigen. Und ob Sie das auch wirklich tun, liest sich an Ihrem Verhalten ab.

2. Sie haben Ihren Partner geheiratet oder sich für ihn entschieden, nicht seine Herkunftsfamilie. Wenn Sie mit der gut können, umso besser; es kann für Sie und für Ihre Kinder von großem Gewinn und Nutzen sein. Wenn das aber nicht der Fall ist, werden Sie die Herkunftsfamilie Ihres Partners und speziell Ihre Schwiegereltern in jedem Fall respektieren und achtungsvoll behandeln, denn sie ist Teil der Person Ihres Partners. Aber keiner kann von Ihnen verlangen, dass Sie sie ebenso lieben wie Ihren Partner selbst.

3. Es ist nicht in erster Linie Aufgabe der Schwiegertochter, Übergriffe und Abwertungen der Schwiegereltern abzuwehren, sondern Aufgabe des Sohns, auch wenn es schwerfällt. Es ist nicht in erster Linie Aufgabe des Schwiegersohns, Grenzüberschreitungen ihrer Familie entgegenzutreten, sondern Aufgabe der Tochter. Insofern gibt es das Problem »Schwiegermutter« eigentlich gar nicht. Im Konfliktfall heißt die Frage vielmehr:

> Wie halte ich als Sohn/als Tochter meine eigenen Eltern im Zaum und schütze oder verteidige meinen Liebsten und unsere Beziehung?

Es kann allerdings auch sein, dass Ihr alternder Vater pflegebedürftig ist oder Ihre Mutter sich einsam fühlt. Vielleicht sind Sie die einzige Person in der Nähe, die sich kümmern oder regelmäßig Kontakt halten kann. Nicht selten geht das auf Kosten Ihrer jetzigen Familie. Es gibt eben Verpflichtungen, denen Sie sich nicht entziehen möchten oder können. Damit es keinen Streit mit Ihrem Partner gibt, sollten Sie mit ihm darüber reden. Haben Sie den Mut, deutlich zu sagen: »Ich möchte mich in dieser Situation um Papa oder Mama kümmern, auch wenn es unsere gemeinsame Zeit kostet.« Bitten Sie Ihren Partner um Unterstützung. Vergessen Sie aber auch nicht, zumindest hin und wieder mit ihm etwas zu zweit zu unternehmen, damit Ihr Liebster es nicht nur hört, sondern auch spüren kann:

> Du bist meine Priorität!

Übung: Unsere Beziehung und unsere Herkunftsfamilien

- Überlegen Sie: Wie ist die Beziehung zwischen meiner Partnerschaft oder Familie einerseits und meiner Herkunftsfamilie andererseits?
  Sind die Kontakte so, wie ich sie mir wünsche?
  Sind die Grenzen so klar, wie wir das brauchen, um uns wohlzufühlen?
- Tauschen Sie Ihre Einfälle aus.
- Überlegen Sie: In welchen Situationen würde ich mir Unterstützung von dir wünschen? Wie könnte diese Unterstützung konkret aussehen? Wie realistisch ist mein Wunsch nach Unterstützung?

Streit-Management – praktische Tipps

Wenn Sie ein Paar sind, das Streit vermeiden möchte, aber immer wieder schnell ins Streiten gerät, dann sollten Sie verbindlich vereinbaren, einige ganz praktische Tipps strikt einzuhalten. Sie beruhen auf viel Erfahrung. *Erstens:*

> Reden Sie nie nach 21 Uhr über Beziehungskonflikte.

Manchmal erzählen mir Paare während einer Paarberatung: »Wir haben die ganze Nacht gestritten!« Ich frage dann: »Wie lange?« »Bis halb vier.« Ich frage weiter: »Passiert Ihnen das öfter?« »Ja, regelmäßig!« »Hat es jemals etwas gebracht?« »Nein, noch nie.« »Und trotzdem machen Sie es immer von Neuem?«

Also, nie nach 21 Uhr über Beziehungsprobleme sprechen. Um diese Zeit sollte man ein Gläschen miteinander trinken oder sonst etwas Nettes machen. Falls das gemeinsam nicht geht, weil gerade Gewitterstimmung herrscht, dann sollte jeder einzeln etwas Angenehmes für sich tun. Es bringt einfach nichts, spätabends schwierige Verhandlungen zu führen, weil Sie da meistens müde sind. Für Paare, die Schicht arbeiten, gilt die Empfehlung sinngemäß: Finden Sie eine Zeit, zu der Sie beide ausgeschlafen und fit sind.

Zweitens: Wenn Sie etwas besprechen wollen, was zwischen Ihnen strittig ist, legen Sie vorher eine Zeitbegrenzung fest.

> Sprechen Sie über ein Konfliktthema nie länger als zwanzig, höchstens dreißig Minuten.

Nehmen Sie Ihre Eieruhr aus der Küche. Stellen Sie sie auf zwanzig Minuten ein: absolutes Verbot, länger zu streiten. Was Sie in dieser Zeit nicht geklärt kriegen, werden Sie in der folgenden Stunde, wenn Sie vom Streit erhitzt sind, auch nicht regeln. *Drittens:*

> Wenn Sie Ihr Problem in einem Gespräch nicht lösen, vertagen Sie sich. Vereinbaren Sie aber zugleich einen Termin, an dem Sie weiterreden werden.

Es ist vorhersehbar, dass Sie einen schwierigen Interessenkonflikt nicht in einer halbe Stunde lösen. Dazu braucht es Zeit zum Nachdenken und einen kühlen Kopf. Machen Sie es wie die Diplomaten bei der UNO in New York, Genf oder Wien bei komplizierten Verhandlungen: Vertagen Sie sich. Das klappt aber nur, wenn Sie sicher sein können, dass Ihr Anliegen damit nicht auf die lange Bank geschoben wird. Darum die feste Absprache eines neuen Termins. Im Übrigen erinnere ich noch einmal an die Tipps zum Missverständnis- und zum Ärger-Management (Kapitel 6 und 7).

Viertens: Treffen Sie – zu einer Zeit, in der Sie beide nicht in Streitstimmung sind – die feste Vereinbarung, dass jeder von Ihnen es respektiert, wenn einer deutlich sagt:

> Stopp! Ich möchte jetzt nicht mit dir streiten!

Manchmal ist einer in Streitstimmung, der andere aber nicht. Da ist es nützlich, wenn derjenige, der seine Gefühle noch unter Kontrolle hat, klar sagt: »Nein, ich will jetzt nicht streiten. Lass uns morgen Abend um sechs Uhr zwanzig Minuten lang darüber reden. Geht das?« Dem anderen wird das zwar nicht gefallen. Denn seine Streitlust oder Wut findet nicht sofort eine Bühne. Aber das Paar hat ja vereinbart, sich an diese Regel zu halten, und auch einen neuen Redetermin abgesprochen. Oder vereinbaren Sie eine streitfreie Zone in Ihrer Wohnung, einen Raum in den Sie sich notfalls zurückziehen können. Wenn das alles nichts hilft, wenn Sie die Erfahrung haben, Ihr Partner lässt nicht so schnell von Ihnen ab: Legen Sie sich einen Krimi aufs Klo und schließen Sie sich ein. Lesen Sie erst einmal ein Kapitel im Krimi weiter. Vielleicht hat sich Ihr Partner bis dahin etwas beruhigt.

Übung: Streitstopp vereinbaren

● Sie und Ihr Partner treffen verbindlich eine doppelte Vereinbarung:

Erstens: Jeder von Ihnen respektiert, wenn einer sagt: »Stopp. Ich möchte jetzt nicht mit dir streiten!«

Zweitens: Zugleich erfragen Sie einen neuen Redetermin oder schlagen ihn vor.

„Nach M Jahren hast Du immer noch keine Ahnung, was eine Ehe ist!"

„Doch. Zu zweit Probleme lösen, die man allein nicht hätte."

Regel 9:
Lerne Einlenken und Verzeihen.
Versöhne dich wieder

Einlenken
Die Kunst, Brücken zu bauen (1)

Recht behalten wollen und Ärger loswerden sind zwei Strategien, die sich gegenseitig im Wege stehen. So hieß es oben auf Seite 122. Denn wollen Sie Recht behalten, so müssen Sie den anderen von Ihrem Recht und von seinem Unrecht überzeugen. Sieht er nicht ein, dass er Unrecht hat, so bleiben Sie auf Ihrem Ärger sitzen.

Nun behaupte ich hier, dass auch das (scheinbare) Gegenteil wahr ist: Ein Satz wie »Du hast Recht, ich war vorhin unfreundlich. Verzeih mir!« hat bisweilen fast magische Wirkung. Der Ärger ist wie weggeblasen. Oder Sie lenken ein und sagen: »Tut mir leid, was ich vorhin gesagt habe. Ich wollte dich nicht verletzen. Ich war unter Druck.« Manchmal entspannt sich die Atmosphäre dann mit einem Schlag. Warum? Weil Sie nicht nur an sich und Ihre Gefühle denken. Sie sehen auch den Partner – und das ist, wonach er sich sehnt. Sie wollen nicht Ihr Recht, Sie wollen mit Ihrem Liebsten wieder in Verbindung treten. Sie sehen, was Ihre Bemerkung oder Geste angerichtet hat. Sie haben dem anderen wehgetan. Das geben Sie zu. Ihr Partner ist vielleicht wütend, gekränkt und dabei, sich zu verschließen. Ihr Einlenken stellt wieder eine Beziehung zwischen Ihnen her. Sie gehen auf den anderen zu. Sie versuchen, die Tür zum Herzen Ihres Partners wieder aufzuschließen.

Keiner soll sich selbst aufgeben. Diesen Artikel 1 des Grundgesetztes moderner, erwachsener, selbstbewusster Partnerschaft habe ich oft genug zitiert. Wenn keiner der Partner sich selbst aufgeben soll, dann gibt es nur einen Weg, zueinander zu finden: Gehen Sie auf den anderen zu. Das hilft, wie wir schon gesehen haben, eine Lösung zu finden, wenn Sie unterschiedliche Interessen und Bedürfnisse haben. Das hilft genauso in dem Fall, dass Sie, Ihr Partner oder Sie beide Fehler gemacht oder den anderen verletzt haben.

Es ist nicht leicht, zum andern zu gehen und zu sagen: »Entschuldige bitte. Es tut mir Leid, was ich gesagt oder getan habe.« Es erfordert etwas Mut. Man muss sich selber einen kleinen Schubs geben. Wir sind in unserer Kultur wenig geübt, Fehlverhalten einzugestehen, Schwäche zu zeigen. Die meisten Menschen bemühen sich, alles richtig zu machen. Denn wer Fehler macht, wurde und wird kritisiert, beschämt. Vor allem Männer haben schon als Jungen gelernt, nicht schwach zu sein, sondern immer stark. Bedürfnisse zu haben und sie zu zeigen macht angreifbar, verletzlich. So geben sich viele Menschen große Mühe, ihre Bedürfnisse und Bedürftigkeit zu verstecken. Nur: Fehler eingestehen ist eine große Fähigkeit. Sie erfordert Mut.

> Einlenken ist nicht Schwäche. Einlenken können ist eine Riesenstärke.

Es gibt Paare, die bestrafen sich gegenseitig mit Schweigen. Das Schweigen kann Tage, Wochen, sogar Monate dauern. »Seit wann reden Sie nicht mehr miteinander?« »Seit sechs Monaten.« »Und wie verständigen Sie sich?« »Wir schreiben uns Zettel!« Es gibt Schweigen, das drückt Nähe aus und Verbundenheit. Dieses Strafschweigen jedoch ist eisig. Es vergiftet die Atmosphäre. Es belastet nicht nur das Paar. Auch die Kinder atmen jede Minute verpestete Luft ein. Wer die Strategie wählt, Konflikte totzuschweigen oder den Partner mit Schweigen zu bestrafen, darf sich nicht wundern, wenn die Beziehung langsam, aber sicher abstirbt.

Der amerikanische Paarforscher John Gottman wollte herausfinden: Kann man vorhersagen, ob ein Paar sich später einmal trennen wird oder nicht? Dazu hat er in Seattle in den

USA Tausende von Paaren befragt und beobachtet. Sein Ergebnis ist ebenso einfach wie einleuchtend: Paare, die miteinander reden können, die auch nach einer Verstimmung oder einem Streit wieder aufeinander zugehen, die in der Lage sind, eine Brücke zu schlagen, über die sie wieder zueinander finden, haben mehr als 90% Chance, auf Dauer zusammenzubleiben.

Übung: Wären Sie gerne mit sich selbst verheiratet?

- Überlegen Sie: Wären Sie gerne mit sich selbst verheiratet?
  Warum? Warum nicht?
- Teilen Sie sich Ihre Einfälle mit.

Ich bin jetzt noch
20 Min. gekränkt

Gut, dann
koche ich
schon mal
unser Ver-
söhnungs-
essen

Nicht den Mut verlieren
Die Kunst, Brücken zu bauen (2)

Nach einem heftigen Streit einzulenken ist besonders schwierig. Das Wortgefecht ist gerade vorüber, die atmosphärischen Rauchschwaden ziehen immer noch durch die Wohnung. Ihr Partner hat einen hochroten Kopf, Sie auch (nur das sehen Sie nicht, weil Sie anderes im Sinne haben, als in den Spiegel zu schauen). Da müssen Sie sich schon einen kräftigen Stoß geben, um nach einigen Minuten zurückzukommen und etwa zu sagen: »Ich finde doof, dass wir uns streiten. Können wir uns wieder vertragen? Ich bin immer noch wütend über das, was du zu mir gesagt hast. Aber ich möchte nicht, dass das noch weiter zwischen uns steht und uns den ganzen Tag verdirbt.« – Bloß, aufgepasst: Hoffen Sie nicht, dass Ihr Partner Ihnen jetzt gleich freudig um den Hals fällt!

> Auf Ihr erstes Friedensangebot kann Ihr Partner
> vielleicht noch nicht eingehen.

Nach einem Streit sind Wut und Kränkungen wie eine Flasche Champagner, die man geschüttelt hat. Wenn Sie auf Ihren Partner zugehen, dann ist das so, als ob Sie den Korken aus der Flasche ziehen – da werden erst einmal der Ärger und die angestauten Kränkungen Ihres Partners herausspritzen, und zwar kräftig. Damit müssen Sie rechnen.

In fast jeder Beziehung gibt es eine Art Aufgabenverteilung: Der eine verarbeitet Streit und Konflikte, indem er sie relativ schnell wegsteckt, der andere, indem er sie wiederkäut. Der eine braucht möglichst rasch wieder eine entspannte Atmosphäre. Der andere benötigt mehr Zeit, weil er von seinen schmerzhaften Empfindungen nicht so leicht loskommt. Die Pfeile sitzen noch in seinem Fleisch. Vielleicht hat der eine ohnehin die Tendenz, Konflikte und Unangenehmes eher an sich ablaufen zu lassen, während der andere auf atmosphärische Störungen ausgesprochen feinfühlig reagiert. Oft spürt, wenn der Partner mit einem Friedensangebot kommt, der andere seine Verletzungen erst so richtig. Ihr Vorschlag, die Atmosphäre zu entspannen, wird fast als Zumutung erlebt: »Du, der mir diese Schmerzen zugefügt hat, verlangst jetzt auch noch, dass ich so tue, als sei nichts gewesen!« Das heißt aber nicht unbedingt, dass ihr Partner nicht auch bereit ist, Frieden zu schließen.

Sie haben jetzt die Wahl: Sie können genauso reagieren wie Ihr Partner und denken: »Ich habe den ersten Schritt gemacht, du willst darauf nicht eingehen – selber schuld. Jetzt bin ich auch gekränkt!« Dann spielen Sie beide das Spiel »Zwei bockige Kinder«. Und die Situation zwischen Ihnen bleibt blockiert.

Oder Sie lassen sich nicht entmutigen. Sie geben nicht auf. Sie lesen das Zögern Ihres Partners als seine Mitteilung: »Ich kann nicht so schnell, ich brauche noch etwas Zeit!« Sie entscheiden sich, erwachsen zu bleiben. Sie fragen zum Beispiel: »Wann kann ich wieder kommen?« Oder: »Können wir heute Abend trotzdem etwas gemeinsam machen, was mit unserem Streit nichts zu tun hat (und dabei natürlich nicht über den Konflikt reden)?« Oder: »Soll ich dir eine Tasse Kaffee machen?«

Niemand kennt den anderen so gut wie der eigene Partner. Niemand scheint den anderen so schlecht zu kennen wie ein Partner in Wut.

Übung: Friedensangebote machen

- Überlegen Sie: Welche Geste, welche Worte von Ihnen könnten ein Friedensangebot sein, das Ihren Partner möglicherweise versöhnlich stimmt?
- Fragen Sie den anderen, was er von Ihrem Einfall hält.

Wiedergutmachen
Die Kunst, Brücken zu bauen (3)

Aber – werden Sie vielleicht fragen – kann ich wirklich einlenken, wenn mein Partner mich zutiefst verletzt hat? Kann
ich einen Schritt auf ihn zu machen, wenn er eine oder einen
Geliebten hatte oder mich immer noch betrügt?

Außenbeziehungen werden als besonders verletzend erlebt.
Warum ist das so? Wenn Sie sich verlieben, treffen Sie eine
Wahl. Indem Sie sagen: »Ich liebe *Dich*!«, sagen Sie auch:
»Und nicht jemand anderes.« »Du bist mir der liebste Mensch
auf Erden«, heißt auch: »lieber und wichtiger als alle anderen
Menschen. Du bist meine Priorität. Du bist nicht austausch-
bar.« Gehen Sie eine Außenbeziehung ein, so ist Ihr Partner
Ihnen mit einem Mal nicht mehr wichtig, schon gar nicht der
wichtigste Mensch. Ihr Partner ist nicht mehr Ihre Priorität.
Sie haben ihn ausgetauscht. Jemand anderes ist wichtiger ge-
worden. Das ist für den anderen äußerst kränkend.

Außerdem fühlt Ihr Partner sich betrogen – zu Recht. Denn
mit Ihrer Liebe und dem Beschluss zusammenzuleben haben
Sie sich versprochen, sich gegenseitig Ihre Bedürfnisse nach
Zuwendung, Wertschätzung, Zärtlichkeit und Sex zu befriedigen. Gehen Sie eine Außenbeziehung ein, so wenden Sie sich
jemand anderem zu, sind mit ihm zärtlich, haben Sex mit ihm.
Sie brechen das Versprechen, das Sie Ihrem Partner gegeben
haben. Sie brechen den ausgesprochenen oder unausgesprochenen Pakt, den sie einmal mit Ihrem Partner eingegangen
sind.

Auch körperliche Gewalt wird als besonders verletzend erlebt. Das ist nicht schwer zu verstehen. Ohrfeigen und
Schläge stellen eine existentielle Bedrohung dar – sie sind das
Gegenteil von Zärtlichkeit. Die körperliche Unversehrtheit
steht in Frage. Einmal ganz davon abgesehen, dass Körperat-
tacken strafbar sind: Sie verletzen nicht nur den Körper, sondern auch die Seele. Wenn Sie sich verlieben, schenken Sie
sich Ihr Vertrauen: »Bei dir fühle ich mich aufgehoben und

geborgen. Bei dir kann ich mich schutzlos zeigen, du wirst mich schützen.« Dieses Vertrauen wird gebrochen. Mit einem Schlag müssen Sie sich genau gegen den schützen, der Sie schützen sollte.

> Vertrauen kann in einer Sekunde verloren gehen
> und Jahre brauchen, um wieder zu wachsen.

Dürfen Sie verzeihen, wenn Ihr Partner Sie betrogen oder ge-schlagen hat? *Können* Sie verzeihen, wenn er oder sie kommt und sagt: »Bitte, verzeih mir!«? Ich hoffe, Sie sagen nicht un-überlegt oder ungeprüft ja.

Wenn Vertrauen erschüttert ist, ein Versprechen oder Pakt gebrochen wurde, kann man nicht einfach so weitermachen, als sei nichts geschehen. Es muss erst wieder Vertrauen wach-sen. Ein neues Partnerabkommen muss ausgehandelt und ge-schlossen werden. Die Frage Ihres Partners »Kannst du mir verzeihen?« ist gut. Aber es ist die zweite Frage. An erster Stelle sollte die Frage stehen:

> Wie kann ich wiedergutmachen, was ich dir angetan
> habe?

Nach einem schweren Vertrauensbruch das Vertrauen zurück-zugewinnen braucht Zeit. Wiedergutmachung ist ein Weg, der zum Beispiel aus den folgenden zehn Schritten bestehen kann.

Als Erstes wird es darum gehen, dass der, der betrogen, verletzt oder geschlagen hat, die Voraussetzungen für neues Vertrauen schafft, indem er

1. *Einsicht* entwickelt,
2. *echtes Bedauern empfindet* und
3. dieses *echte Bedauern auch zum Ausdruck bringt* und *ausspricht*.
4. Danach kann er, sofern das überhaupt möglich ist, eine *Wiedergutmachung anbieten*, zum Beispiel ein neues Ver-halten versprechen. Darüber ist mit dem

5. Partner zu *verhandeln*, um sicherzustellen, dass das versprochene Verhalten dem Gekränkten auch wirklich ein Stück Genugtuung verschafft und Wunden heilt.

6. Es folgt das Umsetzen des Versprechens, nämlich *neues Verhalten*, und die

7. *Bewährung im neuen Verhalten*, denn ohne dauerhafte Verhaltensveränderung wächst neues Vertrauen nicht. Nach einer gewissen Zeit – drei oder sechs Monate – verabreden Sie sich zu einem Gespräch, bei dem Sie

8. *überprüfen, ob das neue Verhalten Wiedergutmachung bewirkt hat*, ob auf dem Vertrauenskonto genug neues Vertrauenskapital angewachsen ist.

9. Erst dann können Sie *verzeihen* und

10. Ihre *Versöhnung* vielleicht mit einem kleinen Fest begehen.

Bisweilen ist Wiedergutmachung und Versöhnung ein langer und mühevoller Weg für beide. Viele Paare schaffen es nicht ohne die Hilfe eines Paarberaters. Besonders schwierig wird es, wenn Ihre psychische Tiefkühltruhe jahrzehntealte Verletzungen und Kränkungen gespeichert hat. Trotzdem, Sie treffen die Wahl: Will ich die Verbindung zwischen uns abbrechen oder eine neue Brücke bauen?

Übung: Was brauche ich, um vertrauen zu können?

- Überlegen Sie für sich allein: Was brauche ich, damit ich dir vertrauen kann?
- Bevor Sie mit dem anderen darüber reden, prüfen Sie: Bin ich in Streitlaune? Fragen Sie Ihren Partner: Bist du in Streitlaune? Wenn Sie beide ehrlich »nein« sagen können,
- teilen Sie sich gegenseitig Ihren Einfall in maximal zwei Sätzen mit, reden erst einmal nicht darüber, sondern denken über den Wunsch des Partners nach.

Auf die Opferhaltung verzichten
Die Kunst, Brücken zu bauen (4)

Noch einmal: Dürfen Sie verzeihen, wenn Ihr Partner Sie betrogen oder geschlagen hat? *Können* Sie verzeihen, wenn er oder sie kommt und sagt: »Bitte verzeih mir!«? Ich hoffe, Sie sagen nicht unüberlegt oder ungeprüft nein.

Wer betrogen worden ist, hat eine tiefe Kränkung erfahren. »Ich bin aus allen Wolken gefallen!« Wie oft habe ich diesen Satz gehört. Wer gekränkt ist, zieht sich zurück. Das ist vollkommen normal. Oder empfindet Wut und entwickelt Rachefantasien. Oder beides zugleich. Auch das ist normal. – Wer geschlagen worden ist, hat körperliche und seelische Verletzungen erfahren. Rückzug, Sich-schützen-Wollen und Wut sind auch hier gesunde Reaktionen. Und es braucht meist viel Zeit, bis die Wunden heilen, wenn überhaupt.

In beiden Fällen sind Sie zunächst einmal Opfer und haben Anspruch auf Genugtuung, Wiedergutmachung und Entschuldigung Ihres Partners, auf Mitgefühl und Verständnis Ihrer Umwelt. Doch auch wenn Sie noch so verletzt und gekränkt sind, irgendwann stellt sich die Frage nach der Zukunft: Wie soll es weitergehen? Es besteht die Gefahr, vor lauter Verletztheit die Zukunft zu verpassen, Ihre eigene und die Ihrer Beziehung. Wer in einer Paarbeziehung Opfer geworden ist, steht in der Gefahr, Opfer bleiben zu wollen.

> So schmerzvoll und unangenehm es ist, Opfer geworden zu sein, so verführerisch ist es, Opfer zu bleiben und sich in die Opferposition zu begeben.

Denn die Opferposition hat eine Menge Vorteile. Wem Unrecht widerfahren ist, hat erst einmal Recht: Recht auf Anerkennung des Unrechts, das an ihm begangen wurde, Recht auf Entschuldigung und Wiedergutmachung, Recht auf moralische Unterstützung seitens der Umwelt. Das kann ein Gefühl von Genugtuung vermitteln oder auch von moralischer Überlegenheit: »Du hast Schuld, ich bin unschuldig. Ich bin im

Recht, du hast Unrecht begangen.« Oder sogar: »Du bist der Schweinehund. Das sehen auch alle anderen so.« Damit ist klar, wer gut ist und wer böse. Ich brauche nicht aktiv zu werden. Ich kann passiv bleiben und darauf warten, dass der andere, der mir das Unrecht angetan hat, etwas unternimmt. Da er sein Unrecht ohnehin nicht wiedergutmachen kann, darf ich ihn zappeln lassen. So sind mir, weil ich Opfer bin, Verhaltensweisen gestattet, die anderen nicht gestattet wären, denn ich bin ja so verletzt. In der Opferposition werden die schmerzlichen Gefühle wach gehalten. Zugleich vermögen Selbstmitleid und Rachefantasien, auch angenehme Empfindungen zu wecken. Ich sage nicht, dass das alles bewusst geschieht.

> Die Opferposition ist eine weitgehend unbewusste Strategie. Ihr entscheidender Nachteil: Sie hält die Störungen oder Zerstörungen der Vergangenheit am Leben. Sie lässt keine Lösung zu, die Zukunft hat.

Auf Dauer ist jedoch auch das Opfer nicht davor geschützt, in die Zukunft zu blicken. Es mag sehr verlockend sein, die Vorwürfe »Du hast mich betrogen« oder »Du hast mich geschlagen« als Waffe in seinem Verteidigungsarsenal aufzubewahren statt sie beiseitezulegen und neue gemeinsame Wege zu suchen.

Es gibt Paare, denen es gelingt, Gewalt oder Seitensprung als das schrille Läuten einer Alarmglocke zu begreifen und sich zu fragen: Was haben *wir beide* falsch gemacht oder übersehen, dass es mit uns zu dieser Krise gekommen ist? Wie können wir unsere Beziehung neu verhandeln, damit diese Katastrophe nicht noch einmal über uns hereinbricht? Was werden wir beide anders machen, um gemeinsam zufriedener zu werden? Wie schon gesagt, häufig braucht es zu dieser Einsicht die Unterstützung durch einen kompetenten Paarberater. Nur, den ersten Schritt machen Sie.

Übung: Sich bewusst werden, was in Ihrer Beziehung fehlt

Einmal angenommen, in Ihrer Partnerschaft gab oder gibt es Außenbeziehungen oder Gewalt:

- Überlegen Sie für sich: Was fehlt mir in unserer Beziehung?
- Überlegen Sie noch einmal: Was, glauben Sie, fehlt Ihrem Partner/Ihrer Partnerin in Ihrer Beziehung?
- Bei dieser Übung ist es besonders wichtig, dass sich jeder fragt: *Bin ich in der Lage, einen Wunsch des anderen anzuhören*, ohne auszurasten oder ihn zu kommentieren? Erst wenn Sie sich *beide völlig sicher* sind, machen Sie weiter.
- Versuchen Sie, *einen Wunsch als Bitte* an Ihren Partner zu richten. In einem Satz.
- Reden Sie erst dann weiter, wenn Sie *in Ruhe* über die Bitte Ihres Partners nachgedacht haben.

und auf das alles soll
ich nun verzichten?
Wie schade!

Regel 10:
Du darfst dich auch neu in deinen Partner verlieben

Mit Augen der Liebe schauen

Sie dürfen sich auch wieder in Ihren Liebsten verlieben, wenigstens ein bisschen. Selbst wenn Ihre Beziehung schon eine Weile andauert. Selbst wenn Sie selber inzwischen ein paar Jahre zugelegt haben.

Verliebt sein heißt zum Beispiel, am anderen etwas Liebenswertes (wieder)finden und es ihm sagen. Verliebt sein heißt, im Alltag kleine Zeichen der Aufmerksamkeit und Zuwendung setzen. Verliebtheit, die andauern möchte, wird eine ganz persönliche Liebeskultur entwickeln und sich in ihr üben. Denn (ich erinnere an einen Satz aus Kapitel 2): Wie Ihr Körper nach guter Nahrung hungert, so hungert Ihr Herz nach guten Worten und einer Atmosphäre von Zärtlichkeit. Die zeigt sich in einem Blick, einem Lächeln, einer Berührung, einer liebevollen Bemerkung, einem Kuss.

> Liebe ist eine starke Pflanze. Zugleich ist sie zerbrechlich und zart. Es ist klug, diese Pflanze gut zu hegen und zu pflegen.

Der Anspruch, stets liebevoll und freundlich zueinander zu sein, stellt eine Überforderung dar. Sie können sich auch nicht immer, spontan und kreativ etwas Neues einfallen lassen für den gemeinsamen Abend, wenn Sie müde nach Hause kommen. Was Sie jedoch machen können, ist: Absprachen treffen, wie Sie Zeiten schützen, die nur für Sie beide und Ihre Liebe reserviert sind. Sie können Rituale verabreden, die den Wünschen und Erwartungen von Ihnen beiden entgegenkommen.

(Siehe hierzu auch S. 37f.) Solche Vereinbarungen treffen Sie am sinnvollsten, wenn Sie beide einmal gut gelaunt sind.

Schmetterlinge im Bauch, auch wenn Sie schon ein Weilchen beisammen sind – das ist wunderbar. Ihre Liebesbeziehung indessen kann immer noch wunderbar sein, wenn die Schmetterlinge kleiner werden oder seltener erscheinen. Niemand ist vor Reifung und Weisheit geschützt. So kann sich Liebesweisheit darin erweisen, dass Sie erkennen:

> Auf Dauer zeigt sich Liebe darin, dass Sie sich gut fühlen, wenn Ihr Partner da ist oder Sie an ihn denken.

Partner, die miteinander vertraut sind, scheuen sich nicht davor, hin und wieder Bilanz zu ziehen. Das kann durchaus mit einem festlichen Essen zu zweit beginnen und in ein Gespräch über Fragen münden wie: »Bist du glücklich mit mir? Bist du glücklich, so wie wir zusammen leben? Bin ich glücklich mit dir? Sind unsere Beziehungskonten einigermaßen ausgeglichen? Haben Erwartungen, Wünsche und Bedürfnisse, die mir wichtig sind, Raum in unserer Liebesbeziehung? Lebe ich so mit dir, wie ich mit dir leben will? Oder gibt es etwas, worum ich dich bitten möchte?« Dabei haben Partner mit Erfahrung in der Liebeskunst häufig gelernt, nicht mehr das Gleiche mit gleicher Intensität zu müssen.

> Glück in der Partnerschaft heißt: Auch mit ungelösten Problemen gut leben können und Spaß miteinander haben.

Neu verliebt sein heißt auch, auf den anderen Rücksicht nehmen da, wo er oder sie empfindlich ist. Die Stellen kennen Sie ja inzwischen ganz gut.

Ein Super-Zeichen von Liebe ist es, wenn Sie anerkennen, dass der andere sich Mühe gibt, Ihnen gegenüber rücksichtsvoll zu sein. Wenn Sie Ihren Partner bitten müssen, sich anders zu verhalten, dann bitten Sie ihn (fast immer) um ein Verhalten, das ihm besonders schwerfällt – sonst hätte er es ja längst getan. Ein Wort der Anerkennung, ein »Dankeschön« für diesen kleinen Schritt in die Richtung, die Sie von ihm erbitten, wird den anderen enorm ermutigen, weiterzumachen.

Aufgabe: Kontakt im Alltag

- Überlegen Sie bitte:
  Wie halte ich im Alltag Kontakt mit meinem Partner?
  Welche positiven Signale sende ich? Wie oft?
- Fragen Sie nach:
  Kommen meine positiven Signale an?
  Wie kommen sie an? Sind es genug? Oder zu viele?

Was neu Verliebten einfallen könnte

Ach, sie sind neu verliebt? Was tut man denn da so?

Ja, was tut man, wenn man neu verliebt ist?

Lachen.
Singen.
Tanzen. Zu zweit. Oder allein.
Die Reise planen, nach der Sie sich immer gesehnt haben.
Abends eine Kerze anzünden, ruhige Musik auflegen und ins Kerzenlicht schauen.

Endlich mal über Politik diskutieren.

Nicht mehr über Politik diskutieren.

Gemeinsam Sport treiben.

Getrennt Sport treiben und nachher zusammen ein Glas Bier trinken.

Sich ein Lieblingsgedicht vorlesen.

Sich vom anderen ein Lob holen.

Sagen, wo man den anderen toll findet.

Sich Witze erzählen.

Etwas Unvernünftiges tun.

Einen Liebesbrief schreiben: Was ich dir verdanke?

Gemeinsam ausgehen.

Einen fernsehfreien Abend beschließen.

Den anderen überraschen, zum Beispiel mit neuem Verhalten.

Den anderen überraschen, zum Beispiel mit dem, was er sich immer schon wünschte und noch nie von mir bekommen hat.

An den Ort pilgern, an dem sie sich ihre Liebe erklärt haben (aber Vorsicht: Der Ort ist heute vielleicht weniger romantisch als damals).

Die eigene Wohnung noch einmal total ummöblieren.

Auf eine spitze Bemerkung verzichten, stattdessen den Fehler des anderen ausbügeln.

Neue Bilder an den Wänden aufhängen.

Einen Abend pro Woche als Spieleabend einrichten.

Sich gegenseitig erzählen, was Sie gerne alleine machen.

Miteinander Spaß haben.

Sich erlauben, auch allein Spaß zu haben.

Sich persönlich weiterentwickeln.

Neue Eheringe kaufen.

Darüber reden, was Sie sich für Ihren Lebensabend wünschen.

Die schnarchfreie Zone verlassen und mal wieder Spaß an Sex haben.

Eine Kritik freundlich sagen, fast im Tonfall einer Liebeserklärung.

Die Kinder bei Freunden parken und zum Wochenende nach
  Paris, Prag, Florenz oder Kopenhagen fliegen.
Einen Blumenstrauß kaufen, obwohl Ihr Garten voller
  Blumen steht.

Was fällt Ihnen ein? Und was davon beschließen Sie zu tun:
morgen, in der kommenden Woche oder im nächsten Früh-
ling?

> Erfüllte Partnerschaft zeigt sich nicht so sehr daran,
> was Sie von Ihrem Partner bekommen.
> Sie zeigt sich eher darin, was Sie tun, damit Sie beide
> glücklich sind.

Zum Beispiel daran, wie Sie auf Ihren Partner reagieren. Die
Erfahrungen, die Sie in Ihrer Partnerbeziehung machen, be-
stimmen Ihr Partnerglück. Sie *machen* Ihre Erfahrungen. *Sie*
machen Ihre Erfahrungen. In diesem Sinne halten Sie Ihr
Glück in den Händen. Sie selbst schreiben das Drehbuch Ihrer
Liebesbeziehung. Sie können es neu schreiben. Nicht immer,
aber meistens.

Was Sie tun müssen, damit es in Ihrer Partnerschaft nicht klappt

20 Sabotage-Tipps

Zum Schluss möchte ich Ihnen noch einige Tipps geben, was Sie machen müssten, um Ihre Beziehung erfolgreich zu sabotieren. Zwanzig Empfehlungen mit fast 100%iger Garantie.

1. Gib nie die Hoffnung auf, den anderen zu ändern.
Vor einiger Zeit war in den Zeitungen die Scheidungsstory von Mick Jagger zu lesen. Seine Frau, Jerry Hall, sagte nach 27 Ehejahren: »Ich lasse mich scheiden, denn es ist mir leider nicht gelungen, meinen Mann zu ändern. Da muss jetzt eine andere ran.« Ich finde das sehr bemerkenswert: Nach 27 Jahren erfolgloser Änderungsversuche gibt Frau Hall nicht auf. Nein, sie hält es grundsätzlich immer noch für möglich, den Partner zu ändern.

Mache es genau so – lass dir nie die Hoffnung nehmen, du könnest deinen Partner ändern. Du wirst sehen, wie das endet.

2. Höre nicht hin, wenn der andere dir etwas sagen will.

3. Höre nie auf, den anderen von deiner Meinung zu überzeugen.
Gib nie auf, sie oder ihn zu überreden. Das ist ein todsicheres Mittel, sich nicht zu nahe zu kommen.

4. Spare nicht mit den Vorwürfen. Du hast ja genug davon.

5. Vermeide strikt, dem Partner etwas Nettes zu sagen.

6. Wenn dein Partner etwas Nettes sagt oder dir eine Gefälligkeit erweist – übersieh es geflissentlich.

7. Setze den anderen auf die Anklagebank, nimm ihn ins Kreuzverhör und gib die Hoffnung nicht auf, dass du Fehler findest.
Fehler finden sich immer. Und wenn du keine Fehler findest, lass nicht ab. Irgendwann wird der andere sich in Widersprüche verwickeln, und dann hast du ihn doch noch erwischt.

8. Höre nicht auf zu klagen und zu jammern. Du hast Recht, es gibt immer etwas zu beklagen.

9. Jeden Tag eine Verletzung: Du kannst sicher sein, dass kein Verständnis aufkommt.

10. Du hast immer Recht, und der andere hat immer Unrecht.
Das ist ein sehr wichtiger Satz. Lass dich auf keinen Fall vom Gegenteil überzeugen.

11. Weise Versöhnungsgesten zurück. Sonst könnte es ja sein, dass ihr euch wieder versteht.

Ein paar Tipps für speziell für Männer:

12. Vergiss grundsätzlich den Geburtstag deiner Frau. Damit landest du mit Sicherheit einen Volltreffer, denn sie hat schon darauf gewartet.

13. Vergiss grundsätzlich euren Hochzeitstag. Lege Dienstreisen, Dienstessen oder Dienstbesprechungen nach Möglichkeit auf diesen Termin.

14. Wenn deine Frau schwanger ist, schau möglichst auffällig nach anderen Frauen. Das ist ein unfehlbares Mittel, sie zu kränken.

15. Mache dich über körperliche Eigenheiten deiner Partnerin lustig. Auch das ist ein todsicheres Mittel.

16. Wenn deine Frau Einkauf und Wäsche, Essen und Abwasch gemacht, die Wohnung geputzt und die Kinder versorgt hat, frage sie: »Was machst du eigentlich den ganzen Tag?!«
Sie wird dir zutiefst dankbar sein.

Ein paar Tipps speziell für Frauen:

17. Wenn dein Mann nervös vor dem Computer sitzt, weil das Programm abgestürzt ist, dann solltest du ihm vorschlagen, über eure Paarbeziehung zu reden.

18. Wenn du dich über deinen Mann geärgert hast, lass dich von den Kindern trösten. Erzähle ihnen ausführlich, wie unmöglich ihr Vater ist.
Das wird er dir nicht so schnell vergessen.

Tipps für beide:

19. Wenn ihr euch streitet, verwendet möglichst häufig das Wort »typisch!« Z.B. »Typisch Männer!« »Typisch Frauen!« Oder: »Typisch! Genau wie deine Mutter, dein Vater, deine Familie!«
Der andere kann sagen, was er will. Er hat immer Unrecht.

Und schließlich mein letzter heißer Tipp:

20. Der allerbeste Zeitpunkt, mit deinem Partner über Konflikte zu reden, ist nachts zwischen drei und vier Uhr. Wenn er schlafen sollte, rüttele ihn und sage ihm: »Ich kann nicht schlafen. Wir müssen reden. Jetzt!«
Du kannst sicher sein, dieses Gespräch wird ein voller Erfolg.

Wie Partnerschaft funktioniert

Einführung in die »Mechanik« von Zweierbeziehungen

Sie möchten wissen, was Paare zusammenhält oder trennt.

Sie möchten über »Motor« und »Getriebe« Ihrer Beziehung Bescheid wissen.

Sie möchten verstehen, warum etwas nicht so geklappt hat, wie Sie es sich vorstellten. Oder Sie möchten eine solide Grundlage haben, um erfolgreiche Strategien zu entwerfen.

Hier können Sie nachschlagen. Sie finden in dieser kurzen Einführung das nützlichste Wissen über die *»Mechanik von Zweierbeziehungen«*. Es ist eine Zusammenfassung, bei der sich naturgemäß einiges wiederholt, was Sie auch anderswo im Buch finden.

Mit Verliebtsein fängt das Leben als Paar an, meistens jedenfalls. Was frisch Verliebte jedoch nicht ahnen, vielleicht auch gar nicht wissen wollen: Weder ist es ausschließlich der Zufall, der ihre Wahl entscheidet, noch finden sich die von selbst, die füreinander bestimmt sind. Auch körperliche oder erotische Anziehung haben weniger Bedeutung als gemeinhin angenommen. Lebenspartner, die sich finden, beachten vielmehr bestimmte Auswahlkriterien. Die beiden wichtigsten heißen: »Gleich und gleich gesellt sich gern« und »Gegensätze ziehen sich an«. Bei jeder Partnerwahl spielen beide Prinzipien eine Rolle. Jeder sucht seinen Partner oder seine Partnerin nach beiden Gesichtspunkten zugleich aus.

Gleiches und Gegensätze ziehen sich an

Partner wählen jemanden, der zu ihnen passt. Mit dem sie übereinstimmen, der so denkt und fühlt wie sie, der vergleichbare Vorstellungen vom Leben hat oder den gleichen Geschmack, die gleiche Musik oder die gleichen Filme mag, vergleichbare Vorlieben hat, dieselben Hobbys pflegt. Die beiden sitzen beisammen in einem Café oder einer Disco. Nächtelang können sie reden oder schweigen, in einem Park oder an einem See. Sie vergessen die Zeit. Sie finden heraus, wo sie einander ähnlich sind. Sie entdecken sich.

Das hat eine Reihe von Vorteilen. Die zukünftigen Partner beginnen, die Grundlagen ihrer Gemeinsamkeit zu schaffen. Sie entwickeln eine gemeinsame Basis, eine gemeinsame Identität. In dem, was ich mitbringe, was du mitbringst, finden wir Verwandtes, Vertrautes, Übereinstimmendes. Das ist zutiefst befriedigend. Außerdem schafft es Sicherheit. Das Terrain ist vertraut, Spielregeln und Grenzen scheinen bekannt zu sein. Menschen sind soziale Wesen. In jedem Menschen wohnt eine Sehnsucht nach Beziehung, nach Übereinstimmung. Ein Anteil von uns möchte gerne verschmelzen. Zugleich macht Gemeinsamkeiten zu erkunden Spaß. Auch wenn ich Bekanntes und Vertrautes vorfinde – es ist doch neu, weil der andere neu ist. Und Neues ist reizvoll.

Verliebt über sich hinauswachsen

Die Suche nach Übereinstimmung und Harmonie ist aber nur die eine Seite bei der Wahl des Partners. Würde sich ausschließlich Gleiches zu Gleichem gesellen, so wäre es bald langweilig. Daher wählen Menschen ihren Partner oder ihre Partnerin auch nach dem Prinzip: »Gegensätze ziehen sich an.« Frau und Mann finden zusammen oder – bei gleichgeschlechtlichen Paaren – Personen mit unterschiedlichen Charakterzügen. Außerdem halten Partner Ausschau nach jemandem, der sie ergänzt. Wer eher sachlich ist, findet häufig eine

174

Person, die mit Gefühlen nicht geizt. Wer meist spontan handelt, sucht sich jemanden, der auch noch an die Folgen denkt. Der Kontaktscheue hat auf einmal eine Betriebsnudel zur Frau, die Gott und die Welt kennt. Chaos-Spezialisten landen nicht selten bei Ordnungsliebhabern. So sucht jeder nach etwas, das ihm nicht so liegt. Warum das so ist? Unserem Organismus wohnt ein Bestreben nach Ganzsein, nach Heilsein inne. Wenn wir uns körperlich verletzen – was geschieht? Kräfte in unserem Körper setzen einen Heilungsprozess in Gang, damit wir so schnell wie möglich wieder unversehrt und ganz werden. Die Seele arbeitet nicht anders als der Körper. Es gibt Dinge, die können wir besser, anderes können wir nicht so gut. Jeder Mensch hat seine Stärken, jeder hat auch seine Schwachstellen. Jede Stärke hat unweigerlich ihre Kehrseite. Darum suchen wir uns in der Regel einen Partner aus, der uns an einer unserer Schattenseiten ergänzt, da, wo wir nicht so fit sind.

Vom Partner angeregt oder verleitet, machen wir uns mit Verhalten vertraut, das uns von Natur aus nicht so liegt. Oder probieren es sogar aus. Wer gelernt hat, eher sachlich zu sein, freundet sich auf einmal mit Gefühlen an. Wer Kontakt scheute, erfährt: Es ist nicht so schlimm, wenn ich auf andere zugehe. Wer Ordnung braucht, um sich wohlzufühlen, merkt möglicherweise, dass die Welt nicht untergeht, wenn nicht alles nach Plan verläuft; ja, vielleicht ist es sogar ganz angenehm, mal etwas weniger penibel zu sein. Unser Partner – oder unser Verliebtsein – kann uns dazu verführen, über uns hinauszuwachsen. Zumindest für kurze Zeit Verhalten zu riskieren, das wir uns selber nie zugetraut hätten. Wer verliebt ist, erfährt sich häufig neu, irgendwie runder, vollkommener, macht neue Erfahrungen mit sich selbst – und fühlt sich super dabei.

Mit dem Scanner auf dem Partnermarkt

Zusammen sind wir mehr. Vielleicht bin ich jemand, der mit Zeit eher locker umgeht. Da tut es gut, im Leben jemanden dabei zu haben, der ein bisschen darauf achtet, dass wir nicht dauernd zu spät kommen. Oder ich bin jemand, der sich rasch entscheiden kann. Da ist es nicht unklug, eine Person an meiner Seite zu haben, die Entscheidungen noch einmal überdenkt. So ergänzen sich Partner. Das geschieht ganz spontan und unbewusst. Man schaut sich in die Augen, man testet den anderen – das moderne Wort dafür wäre scannen. Bei der Partnerwahl laufen wir mit einem Scanner über den Partnermarkt und prüfen: Wer passt möglicherweise zu mir? Wer passt zu mir, sodass ich mit ihm einerseits ausreichend gemeinsame Basis entwickeln kann, der mich andererseits aber auch ergänzt? Diese Ergänzung und diese Übereinstimmung sind deswegen so beglückend, weil wir uns gegenseitig an Stellen ergänzen, an denen wir Schwächen haben. Dadurch erfährt sich nicht nur der Einzelne neu. Gemeinsam schaffen wir etwas Neues, zusammen erfahren wir uns als neu, und das ist ein tolles Gefühl.

Verliebte machen neue Erfahrungen

Was tun Menschen, die frisch verliebt sind? Sie sind fasziniert voneinander. Sie suchen, den anderen auf sich aufmerksam zu machen. Sie mühen sich um ihn und seine Beachtung. Sie werben um ihn und möchten immer in seiner Nähe sein. Sie lächeln sich an und schauen sich in die Augen. Sie reden miteinander, sie hören sich zu. Sie verbringen Zeit miteinander, angenehme Zeit. In der Zeit der ersten Liebe gehen die Uhren erstaunlicherweise anders: Verliebte vergessen Zeit. Verliebte haben Zeit – sie haben (fast) immer Zeit füreinander. Und wenn sie nicht beisammen sind, sehnen sie sich nacheinander. Der andere fehlt ihnen. Sie versuchen, ihm eine Freude zu machen, ihn zu überraschen. Verliebte sind zärtlich miteinander. Sie nehmen sich in den Arm und küssen sich. Sie streicheln sich und haben Sex miteinander. Verliebte öffnen einander ihr Herz. Sie sagen sich Worte der Liebe. »*Du* bist meine Priorität. Niemand sonst.« Sie geben sich göttliche Botschaften: »Ich liebe dich. Ich liebe dich, so wie du bist.« Darum ist es nicht schwer, in dieser Zeit Rücksicht zu nehmen und Respekt zu zeigen. Schwächen werden freundlich angeschaut. Und wenn mal etwas schiefläuft, wird Nachsicht geübt oder verziehen.

Erfahrungen werden zu Erwartungen

Alle diese angenehmen Dinge erfahren wir in der Verliebtheitsphase. Wir erfahren sie mehrfach. Das macht uns glücklich. Und es überzeugt uns. Erfahrungen als Verliebte legen Spuren in unserem Gehirn. Ohne groß darüber nachzudenken, gehen wir davon aus: Es wird immer so weitergehen. Aus Erfahrungen mit dem Partner werden Erwartungen an den Partner: Was ich jetzt mit ihm erlebe, werde ich auch in Zukunft mit ihm erleben. Denn wie er oder sie sich heute zeigt, so ist sie oder er. So wird unter der Hand, ohne dass wir darüber reden, ja sogar ohne dass es uns so recht bewusst sein mag, aus Erfahrungen und Erwartungen ein Anspruch an den Partner und sein Verhalten: An diesem Anspruch messen wir ihn, heute. An diesem Anspruch werden wir ihn messen, auch in Zukunft.

Also noch einmal: Verliebtsein ist eine außergewöhnliche Phase, einmal ganz abgesehen von der erotischen Spannung und erhöhten Hormontätigkeit, die diese Zeit so reizvoll machen. Unterschiedliche menschliche Grundbedürfnisse werden auf erfreuliche Weise befriedigt: Der Wunsch nach Zugehörigkeit, nach Einssein und Übereinstimmung, der jedem Menschen innewohnt, bis hin zur Sehnsucht danach, mit dem anderen zu verschmelzen. Das Bedürfnis nach Ergänzung, der Impuls, Schwachstellen und Schattenseiten auszugleichen, ganz und heil zu sein, vielleicht sogar sich als neu zu erleben, indem ich über mich hinauswachse. Weiter ist da unser Verlangen nach Abwechslung, der Wunsch, Neuem zu begegnen, denn das unbekannte Neue kann zwar unsicher machen, ist aber zugleich aufregend und anregend.

Mit Worten, Blicken oder Gesten sagen Verliebte einander: »Ich liebe dich!« Nur drei Worte, eine himmlische Botschaft. Zugleich allerdings, ohne dass die glücklich Verliebten es so richtig mitbekommen, die Unterschrift unter ein Abkommen, der beide Partner für die Zeit ihres Zusammenlebens bindet.

Aus Erwartungen wird stillschweigend ein Vertrag

Paare, die beschließen zusammen zu leben, gehen einen Partnervertrag ein, in der Regel ohne dass sie das so richtig merken. Statt Vertrag können Sie auch Abmachung, Abkommen, Vereinbarung oder Absprache sagen, nur dass diese Absprache meist nicht abgesprochen ist, sondern unausgesprochen bleibt. Der Vertrag enthält einige Artikel und viel Kleingedrucktes. (Und wie das bei Kleingedrucktem so ist: Man nimmt es gewöhnlich erst zur Kenntnis, wenn es zu spät ist.)

Hauptvereinbarung dieses Abkommens ist das Versprechen: Wir befriedigen uns gegenseitig grundlegende Bedürfnisse, wie etwa die Wünsche nach Zusammensein und Nähe, nach Wertschätzung und Respekt, nach Kontakt und Austausch. Wir versprechen, füreinander da zu sein und zueinander zu stehen, auch wenn es einmal schwierig wird im Leben. Wir bauen darauf, vom anderen Zuneigung und Wertschätzung zu erhalten, Beachtung und Anerkennung, Liebe und Vertrauen, Zärtlichkeit und Lust zu erfahren, Leidenschaft und Sex. Ausgesprochen oder unbewusst wird in der Regel auch eine bestimmte Form von Aufgabenteilung und Kooperation bei der Bewältigung der praktischen Verrichtungen des Lebens vereinbart. Also: Wir teilen das Leben, und wir teilen die Aufgaben. Ich bin für dich da und du für mich. Ich befriedige dir deine Bedürfnisse, und du befriedigst mir meine.

Konkret: Ich möchte Nähe spüren, und du bist da. Ich

sehne mich nach einem liebevollen Blick oder Wort, und du schaust mich zärtlich an. Ich möchte mit dir reden, du hörst zu. Ich will viel Zeit mit dir verbringen, du freust dich darauf. Ich verlange nach leidenschaftlichem Sex, und du hast genauso viel Lust dazu wie ich. Das alles hat ja geklappt, als wir verliebt waren. Es ist also kein Problem. So scheint es.

Kontoführung und Bilanzen

Mit dem Partnervertrag, den zwei Menschen »abschließen«, wenn sie ihr gemeinsames Leben starten, hängt noch etwas anderes zusammen, worüber wir uns meistens nicht so richtig klar sind: Jeder der Partner eröffnet ein seelisches Konto. Dort wird Buch geführt. Wir registrieren genau, ob wir in der Paarbeziehung auf unsere Kosten kommen. Hin und wieder wird Bilanz gezogen – es wird also überschlagen, ob sich meine Erwartungen erfüllen, ob meine Bedürfnisse und Sehnsüchte im Zusammenleben mit dem anderen ausreichend befriedigt werden.

Zu Beginn einer Partnerschaft ist das positive Konto in der Regel gut gefüllt. Es fällt nicht schwer, sich gegenseitig Bedürfnisse zu befriedigen und Wünsche zu erfüllen. Das Paar sagt sich nette Dinge, es schenkt sich Wertschätzung und Zärtlichkeit. Meist verbringt es zu Beginn auch viel angenehme Zeit miteinander. Die Partner machen sich vielleicht sogar Gedanken, womit sie dem anderen Freude machen und ihn überraschen können. Das schlägt positiv zu Buche.

Solange es uns mit dem anderen gut geht, nehmen wir nicht einmal zur Kenntnis, dass wir überhaupt solche Konten haben. Erst wenn sich Mangel einstellt, wenn sich das positive Konto langsam, aber sicher leert, wenn sich zugleich auf dem Ärgerkonto immer mehr angesammelt hat, bilanzieren wir. Abgerechnet wird in der Regel, wenn das positive Konto leer und das negative Konto hoffnungslos überzogen ist. Da stellen wir plötzlich fest: Ich komme nicht mehr auf meine Kosten.

Darum müssen wir uns auch einmal anschauen, was bedauerlicherweise nach der Verliebtheitsphase im Leben der Paare häufig passiert.

Die Vergnügungssteuer der Partnerwahl

Eigentlich könnte es ja mit den beglückenden Erfahrungen des Anfangs immer so weitergehen. Das Dumme ist nur: Man kann nicht ewig frisch verliebt sein. Irgendwann kommt der Alltag mit seinen Verpflichtungen. Irgendwann kenne ich den Partner und das Neue, das er mit sich brachte, schon. Der Reiz des Neuen verfliegt bei ständiger Wiederholung. Nach einer Weile ist das, was er mir sagt, auch wieder altvertraut, altbekannt. Das ist die erste Enttäuschung des Alltags: Der Neue, das Neue bleibt nicht dauernd neu; mit der Zeit kenne ich es in- und auswendig.

Die zweite Enttäuschung liegt darin, dass ich nach einer Weile unweigerlich merke: Neues ist auch anstrengend. Zum Beispiel: Ich bin ein eher ruhiger Typ; durch meine quirlige Partnerin habe ich mich in einen Strudel von Abenteuern hineinziehen lassen. Am Anfang war das aufregend und hat Spaß gemacht: Ich habe neue Seiten an mir selber kennengelernt. Auf Dauer indessen bemerke ich auch die Anstrengung, die das Neue kostet. Da kehre ich doch lieber zu meiner altbewährten Ruhe zurück.

Die dritte Illusion, die leicht zerplatzt: Wenn wir dasselbe Wort sagen, glauben wir, wir meinen dasselbe. Schon Goethe beobachtete: »Niemand hört, als was er weiß, niemand vernimmt, als was er empfinden, imaginieren und denken kann.« Es ist enttäuschend festzustellen, dass etwas, was ich für uns beide für »selbstverständlich« oder »normal« hielt, für den Partner schon von Anfang an keineswegs selbstverständlich war. Dass wir zwar dieselben Worte benutzen, aber nicht immer die gleiche Sprache sprechen. Enttäuschungen und Missverständnisse gibt es auch, wenn wir dieselben Gesten, das gleiche Verhalten interpretieren – unterschiedlich: »Damals hast du mir doch gerne und lange zugehört. Jetzt willst du überhaupt nicht mehr mit mir reden.« »Früher hattest du genauso viel Spaß an Sex. Jetzt magst du überhaupt nicht mehr – was ist nur mit dir los?!«

Die Kehrseite der Medaille: Was mich an meinem Partner reizt

Die allergrößte Enttäuschung jedoch ist immer wieder: Mein Partner ist anders, als ich dachte. Die Frage ist bloß, ob das stimmt. Vielleicht ist er gar nicht anders. Vielleicht sehe ich ihn nur von einer anderen Seite. Oder er zeigt eine andere Seite.

Wo Licht ist, ist auch Schatten. Jede Medaille hat ihre Kehrseite. Wir können eine Münze nicht in die Hand nehmen, ohne auch ihre Rückseite in die Finger zu bekommen. Im Laufe der Partnerschaft stellt sich schnell heraus: Was uns am Partner anfänglich so faszinierte, hat häufig auch eine Schattenseite. Zum Beispiel: Am Anfang fand ich gut, dass du so spontan bist und deine Meinung immer frei heraus sagst. Inzwischen muss ich mir überlegen, wohin ich dich mitnehme, weil du deine Klappe nicht halten kannst und alle Bekannten schockierst. – Zu Beginn gefiel mir an dir, dass du so viele Gefühle hast und sie äußern kannst; das ist etwas, was mir eher schwerfällt. Heute würde ich mir im Fernsehen gerne auch einmal einen Film anschauen, ohne dass du gleich in Tränen ausbrichst. – Oder: Ich habe mir einen geselligen Typen angelacht, weil ich selber eher schüchtern bin. Eine Zeitlang war das toll, immer Freunde im Haus, stets etwas los in der Bude. Inzwischen indessen würde ich auch gerne mal einen Abend mit meinem Schatz alleine verbringen, niemand sonst, nur er und ich! – Oder: Du weißt wirklich viel; das hat mich als Erstes an dir beeindruckt. Inzwischen jedoch geht mir mächtig auf den Keks, dass du immer, aber auch immer alles besser wissen musst. – Und so weiter.

Was wir anfangs charmant fanden, stört uns heute mächtig. Unterschiedlichkeit und Ergänzung haben eben ihren Preis.

Im Stadium der Verliebtheit haben wir die Goldseite unseres Liebsten »eingekauft«. Unweigerlich bekommen wir auch die Kehrseite unseres Partners mitgeliefert. Nun müssen wir lernen, mit beiden Seiten zu leben, auch mit den Charakterzügen, die uns stören. Denn verändern *können* wir unseren Partner nicht, und verändern *werden* wir ihn nicht.

Wir müssen für die Wahl unseres Partners also eine Art Vergnügungssteuer zahlen. Wir haben bloß die Wahl, ob wir das zum Anlass nehmen, uns dauernd über den anderen zu ärgern. Oder ob es uns gelingt das, was uns nervt, auch mit einem lachenden Auge zu betrachten.

Tiefkühltruhe und Mikrowelle

Ich hatte darauf hingewiesen, dass die Seele wie eine Bank arbeitet, also positive und negative Konten führt. Ich möchte noch ergänzen: Unsere Seele benutzt auch eine Art Tiefkühltruhe. Da können Verletzungen, Ärger und Groll sekundenschnell eingefroren und über Jahre hinweg frisch gehalten werden. Weiter verfügt unsere Seele über eine Mikrowelle. Auf diese Weise lassen sich alte Geschichten im Nu wieder auftauen und dem anderen unter die Nase reiben, etwa wenn wir in Streit geraten. Ein Beispiel: »Als ich schwanger war, hast du immer nach den jungen Mädchen geguckt. Das vergesse ich nie.« Er sagt: »Wie lange ist das her?« »27 Jahre, aber das vergesse ich dir nicht!« Für sie ist diese Verletzung so frisch, als wäre sie gestern geschehen. Oder er empfindet: »Nach der Geburt unseres ersten Kindes hattest du nur noch Augen für das Baby. Mich hast du total übersehen. Das wurmt mich noch heute.« Schmerzliche Erfahrungen werden eingelagert, tiefgefroren und im Notfall auch wieder aufgetaut. Im Laufe einer langen Partnerschaft kann da eine ganze Menge zusammenkommen.

Wie bei einem richtigen Kühlschrank oder einer Tiefkühltruhe braucht es Energie, um Vorwürfe so lange zu konservieren. Diese Lebensenergie könnten Paare auch positiver verwenden. Darum sollte man Ärger nicht lange aufbewahren. Die Regeln des Ärger-Managements in diesem Buch wollen helfen, sich auf erwachsene Weise von Ärger zu lösen.

Liebe oder Diktatur

Kehren wir noch einmal in das Stadium der Verliebtheit zurück. Er möchte ihr eine Freude machen und sie mit einem Geschenk überraschen. Darum erkundigt er sich vorher nicht, was ihr wohl gefallen würde. Nein, er macht sich selber Gedanken. Mit seiner Fantasie oder Einfühlung geht er gewissermaßen in sie hinein und überlegt: Worüber wäre sie wohl glücklich? Wenn sie ihn dann beim Öffnen des Präsents verblüfft anstrahlt und fragt: »Woher weißt du, dass genau das meine Farbe, mein Parfum, mein Geschmack … ist?!«, dann lächeln beide selig – das Glück ist total. Beide glauben: Das ist wahre Liebe. Anders ausgedrückt: Beide haben sich soeben darauf geeinigt, was sie in Zukunft unter Liebe verstehen wollen. Liebe heißt: »Ich lese dir deine Wünsche von den Augen ab.«

Es wärmt das Herz und tut jeder Liebesbeziehung gut, wenn Partner sich hin und wieder angenehm überraschen und etwas schenken, sagen oder tun, womit der andere nicht gerechnet hat. Doch sollten Partner wissen: Wenn wir unter Liebe verstehen »Ich lese dir deine Wünsche von den Augen ab«, dann ist das ein Kurzschluss, der fatale Folgen haben kann. Die (psycho)logische Konsequenz, die Paare allzu häufig aus diesem Satz ziehen, ist nämlich: »Wenn du mir meine Wünsche nicht mehr von den Augen abliest, ist keine Liebe mehr da.« Damit wird aus Liebe Diktatur und aus Partnerschaft Sklaverei.

Erwachsene Partnerschaft ist etwas anderes als Verliebtheit

Warum das so ist? Weil wir, wenn wir mental in der Verliebtheitsphase stecken bleiben, zwei folgenreichen Missverständnissen aufsitzen.

Missverständnis Nummer eins: Ich habe Anspruch darauf, dass du mir meine Bedürfnisse erfüllst, und zwar auf der Stelle (denn als wir verliebt waren, hast du das nach Möglichkeit ja auch getan, gerne und sogar mit Lustgewinn).

Missverständnis Nummer zwei: Ich kann erwarten, dass du meine Bedürfnisse und Wünsche kennst, ohne dass ich sie äußere (denn als wir verliebt waren, hast du ja auch gewusst, was mir Freude macht, ohne dass ich darum bitten, ohne dass ich aktiv werden musste). Ich erwarte vom anderen also, dass sie oder er zu meiner Verfügung steht, wenn ich Befriedigung meiner Bedürfnisse wünsche. In welchem Alter konnten wir mit Recht erwarten, dass eine andere Person meine Bedürfnisse kennt, ohne dass ich sie klar benenne, und sie auch sofort befriedigt, ohne dass ich viel dafür tun musste? Als Säugling. Nur als kleines Kind habe ich einen *Anspruch* darauf, dass die Eltern meine Bedürfnisse befriedigen, *ohne* dass ich sie deutlich äußere. Halte ich also an den Erwartungen fest, mein Partner habe stets für mich da zu sein, wenn ich ihn brauche, dann begebe ich mich in die Position eines Kleinkindes. Zugleich mache ich den anderen zur Mama oder zum Papa. Tatsächlich verhalten sich Partner nicht selten wie Kinder, die die Eltern mit ihren Wünschen terrorisieren. Sie tun das unter Berufung darauf, dass es in der Zeit der ersten Verliebtheit doch geklappt habe. Nur ist es mit Liebe und Verliebtheit wohl vorbei, wenn man den Partner nur noch benutzt und Forderungen an ihn stellt.

Sein Leben lang Säugling bleiben – oder wachsen und erwachsen werden

»Ich kann doch erwarten, dass mein Mann weiß, was ich brauche!«, sagte mir eine Frau in einem Gespräch. Nein, eben nicht. Nach der Verliebtheitsphase, in der die Partner sich die Wünsche vielleicht von den Augen abgelesen haben, müssen sie in der erwachsenen Phase der Partnerschaft lernen, erwachsen zu reagieren. Das heißt konkret: Gemeinsamkeit und gegenseitiges Verständnis ist nicht etwas, was das Paar ein für alle Mal erworben hat, sondern eine Daueraufgabe. Das heißt weiter: den anderen nicht mehr ändern wollen, sondern verstehen, dass die Andersartigkeit des anderen unsere Beziehung am Leben erhält, und humorvoll die Vergnügungssteuer für das Anderssein des anderen akzeptieren. Das heißt vor allem: lernen, für sich selbst zu sorgen. Konkret: Bedürfnisse angemessen zum Ausdruck bringen, auf die Bedürfnisse des anderen hören, darüber verhandeln, was zurzeit oder überhaupt erfüllbar ist. Nicht vorwurfsvoll oder gekränkt reagieren, wenn ich nicht bekomme, was ich benötige. Vielmehr Kompromisse und alternative Lösungen finden. Ich kann erwarten, dass mein Partner oder meine Partnerin bereit ist, meine Wünsche zu hören. Ich kann nicht erwarten, dass sie oder er mir jederzeit zur Verfügung steht.

Das Grundgesetz moderner Partnerschaft

Das war vor ein, zwei Generationen anders. Da konnte jeder Partner vom anderen ein bestimmtes Verhalten erwarten, fast wie selbstverständlich. Denn es gab festgelegte Rollen, und jeder Rolle zugeordnet einen bestimmten Aufgaben- und Tätigkeitsbereich: Er war zuständig fürs Geldverdienen und fürs Sachliche, sie war zuständig für Küche, Kinder und Gefühle. Er hat das Haus gebaut und sie hat es geputzt. Er hat repariert und sie gebügelt. Das hieß zugleich: Er hatte nichts in der Küche zu suchen und sie nichts in seiner Werkstatt oder seinem

Arbeitszimmer (außer zum Putzen). Denn jeder hatte seine eigene Domäne, sein eigenes Territorium. Ihre Arbeitsbereiche ergänzten sich, waren aber mehr oder weniger sauber getrennt.

In dieser Hinsicht hat sich die Situation zwischen den Geschlechtern in kurzer Zeit grundlegend gewandelt. Die Lebensbedingungen von Frauen und Männern haben sich geändert. Eine neue Verfassung ist in Kraft getreten, selbst wenn wir manchmal Mühe haben, das zu begreifen und in die Tat umzusetzen. Für das Zusammenleben als Paar legt ein neues Grundgesetz neue Spielregeln fest.

Artikel 1 der neuen Partnerverfassung lautet: Keiner soll sich selbst aufgeben – denn beide haben die gleichen Rechte.

Sie muss nicht mehr ihren »Mädchen«-Namen aufgeben, sondern kann ihre Biografie und ihren Namen weiterführen. Sie muss nicht mehr zwangsläufig auf ihren Beruf verzichten, wenn die Kinder kommen (sofern sie sich das überhaupt leisten konnte). Sie zieht nicht mehr automatisch mit, wenn sein Beruf den Umzug in eine andere Stadt erfordert. Denn beide haben grundsätzlich den gleichen Anspruch darauf, ihre Lebens- und Berufspläne zu verwirklichen.

Das hat Konsequenzen für die Beziehung der Partner zueinander. Es eröffnet Freiheitsräume: Die Partner können ihr Leben, jeder für sich und beide zusammen als Paar, viel individueller und potentiell befriedigender gestalten als bisher. Die neuen Spielräume haben aber auch ihren Preis: Nichts ist mehr selbstverständlich. Wollen wir faire, für beide gleichermaßen befriedigende Lösungen finden, dann müssen wir in der Lage sein miteinander zu verhandeln. Das heißt: Wir müssen miteinander reden, genauer: in der Lage sein, dem anderen zuzuhören und eigene Wünsche und Pläne möglicherweise auch zurückzustellen.

Wenn beide Partner gleiche Rechte haben und in denselben Bereichen tätig sind, dann hat das Folgen für die Aufteilung der Verantwortung zwischen den Partnern. Aus Artikel 1 folgt demnach zwangsläufig:

Artikel 2: Jeder ist bereit, alles zu machen – denn beide haben die gleichen Pflichten.

Das gilt vor allem für den Binnenbereich von Partnerschaft und Familie. Natürlich gibt es körperliche Unterschiede: Sie ist vielleicht etwas kleiner und nicht ganz so kräftig wie er. Er hingegen kann keine Kinder kriegen und stillen. Aber davon einmal abgesehen gibt es keinen Grund, dass nicht jeder der Partner jede der anfallenden Arbeiten macht, die Wäsche waschen, das Auto reparieren, Fenster putzen, Probleme mit der Versicherung regeln, Baby wickeln. Jeder sollte bereit sein, alles zu machen. Das heißt aber nicht, dass jeder alles macht: Die Partner können sich absprechen. Sie können Aufgaben verteilen. Sie müssen sich einigen, wer was tatsächlich tut. Dazu jedoch müssen sie in der Lage sein zu verhandeln, genauer: bereit sein, dem anderen zuzuhören, mit ihm zu reden.

Artikel 3: Jeder entwickelt sich weiter. Ständig.

Wachsen und sich entwickeln ist Teil des Lebens. Kinder möchten häufig ganz schnell groß werden und erwachsen sein. Erwachsene möchten oftmals lieber jung bleiben. Aber es hilft nichts. Nichts schützt uns vor dem Ablauf der Zeit und den Erfahrungen, die wir machen. Mit fünfundvierzig haben wir nicht die gleichen Empfindungen und Zukunftspläne wie mit zwanzig. In einer sich zunehmend rasch verändernden Welt können Eltern ihren Kindern kein Modell sein, wenn sie sich Veränderung verweigern. Unser Körper entwickelt sich, ebenso unsere Persönlichkeit, und auch die »Persönlichkeit« der Beziehung. Wo Partner nicht im Gespräch bleiben über innere Veränderungen, neue Lebensziele und Wünsche, kann es zu Spannungen und Erstarrung kommen. Kurioserweise bleiben gerade die am ehesten jung und lebendig, die akzeptieren, dass sie sich entwickeln und älter, reifer werden.

Liebende, Lebensgefährten, Eltern – drei Ebenen von Partnerschaft

In jeder Partnerschaft mit Kindern kann man drei Ebenen unterscheiden. Die Partner sind Lebensgefährten, Liebende und Eltern. Jede dieser Ebenen hat eine eigene Logik, ein eigenes Wertsystem, eine eigene Hierarchie und ein eigenes Zeitgefühl.

Als *Lebensgefährten* beispielsweise richten wir uns eine Wohnung ein, oder wir mieten oder bauen sogar ein Haus und beziehen es. Wir gestalten den Alltag. Wir kaufen ein, wir machen sauber, wir sorgen für die alltäglichen Bedürfnisse, wir feiern Feste, wir verbringen das Wochenende, die Ferien, den Urlaub und planen vielleicht sogar unseren Lebensabend miteinander. Die Lebensgefährten-Ebene ist auch der Bereich, in dem wir beruflich tätig sind. Solange wir zu zweit sind, ohne Kinder, leben wir heutzutage normalerweise durchaus gleichberechtigt. Es gibt keine Hierarchie, zumindest potentiell. Es macht Spaß, sich das Leben frei zu gestalten. Als Lebensgefährten sind wir wie ein gutes Gespann, das seinen Lebenskarren durch Dick und Dünn zieht mit dem Blick nach vorne und dem Wunsch, gemeinsam etwas aufzubauen.

Als *Liebende* haben wir eine ganz andere Beziehung zueinander. Da schauen wir einander an, nehmen einander in die Arme und vergessen den Augenblick. Wir versuchen, in Liebe Zeit zu verbringen. Was um uns herum ist, verliert an Bedeutung.

Als *Eltern* bewegen wir uns wiederum auf einer anderen Ebene. Unser Augenmerk gilt dem Nachwuchs, wir blicken auf die nachfolgende Generation. Zugleich sind wir mit einem Mal hineingestellt in eine Hierarchie, in eine Abfolge von Generationen. Kinder brauchen Schutz, vor allem, wenn sie klein sind. Der Elternteil, der sich um die Kinder kümmert, braucht seinerseits Schutz und kann, zumindest vorübergehend, nicht voll berufstätig sein. Mit einem Mal sieht sich das Paar Ungleichheiten, Abhängigkeiten, einer Hierarchie gegenüber. Wer mit kleinen Kindern zusammen ist, lebt in einer anderen Zeit. Versuchen Sie einmal, mit einem Ein- bis Zweijährigen spazieren und einkaufen zu gehen. An der nächsten Ameisenstraße wird Ihr Zeitplan für den Vormittag über den Haufen geworfen. Sie können also nicht eine höchst wirkungsvolle berufliche Tätigkeit ausüben und zugleich entspannter Vater oder entspannte Mutter sein – oder Sie kommen in unheimlichen Stress.

Lebensgefährten

Liebende

Eltern

Beziehungsinfarkt

In der Aufbauphase – wenn die Partner in den Beruf starten, wenn die Kinder klein sind und volle Aufmerksamkeit verlangen, wenn dann vielleicht auch noch ein Haus gebaut oder umgebaut wird – bleibt nicht viel Zeit für Begegnungen auf der Liebenden-Ebene. In diesem Stadium greifen die Partner auf das Depot an Zuwendung und Wertschätzung zurück, das sie in der Verliebtheitsphase angelegt haben: Sie leben davon, dass sie wissen, dass sie sich lieben. Sie leben von dem Rückgriff auf ungestörte gemeinsame Zeit, die sie früher einmal miteinander verbracht, von den netten Sachen, die sie sich früher gesagt haben. Leider geschieht es häufig, dass der Stress in der frühen Familienphase überhandnimmt. Auf der beruflichen Ebene sehen sich die Partner häufig gerade in der Aufbauphase hohen Anforderungen gegenüber. Als Eltern haben beide viel zu tun. Beruf und Familie fressen die ganze verfügbare Zeit auf, die Liebesbeziehung kommt zu kurz. Zusätzlich sammeln sich Enttäuschungen an: »Ich dachte, du würdest das machen.« »Ich dachte, du würdest mich da schützen.« »Ich dachte, du würdest mir das abnehmen.« »Ich dachte, du hättest Spaß am Reden!« »Ich dachte, du hättest Spaß am Sex!« Die Kommunikationsverbindung zwischen den Partnern als Liebespaar verstopft zunehmend. Es fließt nicht mehr ausreichend Liebe, Wertschätzung und Verständnis zwischen den beiden. Jeder fühlt sich unzureichend versorgt, »ernährt«. Ich nenne dies den Beziehungsinfarkt.

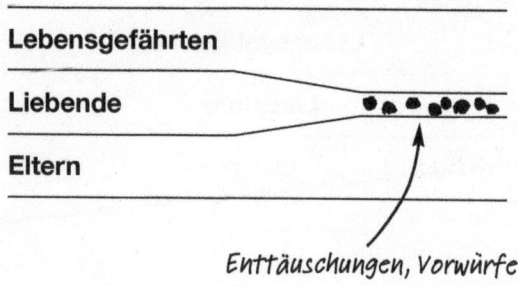

Enttäuschungen, Vorwürfe

Im Gegensatz zur ersten Phase ihrer Beziehung, als die Partner Zeit füreinander hatten und sich mit Worten und Gesten der Liebe verwöhnten, erlebt sich das Paar als zu kurz gekommen: getrennt durch eine unsichtbare Mauer aus unerfüllten Erwartungen, Wünschen und Träumen, aus Routine, Langeweile, Frust und Vorwürfen. Einer oder beide bekommen Trennungsfantasien.

Den anderen nicht mehr ändern wollen

Viele Paare versuchen, alleine aus dieser Situation herauszu-
kommen. Sie bemühen sich etwa, miteinander zu reden. Das
könnte die Beziehung ja wieder in Schwung bringen. Denn
diese Erfahrung hat das Paar einst gemacht: Miteinander reden schafft Verbindung. »Als wir in der ersten Zeit miteinander geredet haben, da ging es doch. Und wenn wir ein Missverständnis hatten, dann hat Reden auch geholfen.« Die
Erinnerung an das Verliebt-miteinander-Reden ist ihre Kraft-
quelle. Bloß, sie sind nicht mehr frisch verliebt. Da funktioniert das Miteinander-Reden nur, wenn die Rederegeln stimmen. Darum ist es vorteilhaft, die Spielregeln erwachsener
Partnerschaft zu lernen. Das ist nicht immer einfach. Es ist ein
Prozess, der ein bisschen nach Arbeit riecht. Beziehung
braucht eben Pflege. Es ist auch ein Prozess, der nie aufhört.
Es ist jedoch zugleich die Herausforderung und Chance, sich
wieder zu finden, gemeinsam zu wachsen, zu reifen und auf
diese Weise lebendig und glücklich zu bleiben. Dieses Buch
möchte Ihnen dabei helfen.

Dank

Ich danke den Paaren, die mir als Berater ihre Sorgen und Konflikte anvertraut haben. Von ihnen und von meiner Frau Françoise habe ich am meisten über Partnerschaft gelernt.

Ich danke meinen Kolleginnen und Kollegen aus der Zeit meiner Tätigkeit am Evangelischen Zentralinstitut für Familienberatung in Berlin; speziell danke ich Sabine Hufendiek, Ingeborg Langus-Mewes und Dagmar Solyga für wertvolle Hinweise und Vorschläge zum Text dieses Buchs.

Mit Fanita English (San Mateo/Kalifornien) habe ich oft und vergnügt über Ärger und Ärger-Management diskutiert. Von ihr stammen eine Reihe der Ideen und Tipps speziell zu dem entsprechenden Kapitel. Dafür danke ich ihr sehr herzlich.

Die Illustrationen in diesem Buch stammen von Klaus Martin Janssen. Er hat meine Anregungen in kurzer Zeit in pfiffige Cartoons umgesetzt. Dafür gilt ihm mein besonderer Dank.

Nachweise

S. 20: *Als sie einander acht Jahre kannten*, aus dem Gedicht *Sachliche Romanze* von Erich Kästner, in: Ders., *Lärm im Spiegel.* © Atrium Verlag, Zürich 1929 und Thomas Kästner.

Zur Gewaltspirale S. 99 und 101 siehe auch: Gewaltspirale in sieben Schritten nach Lenore E. A. Walker, z.B. in ihrem Buch *Warum schlägst du mich? Frauen werden misshandelt und wehren sich. Eine Psychologin berichtet.* Piper Verlag, München 1994.

Stichwortverzeichnis